平成の大みうたを仰ぐ 三

［公社］国民文化研究会編

展転社

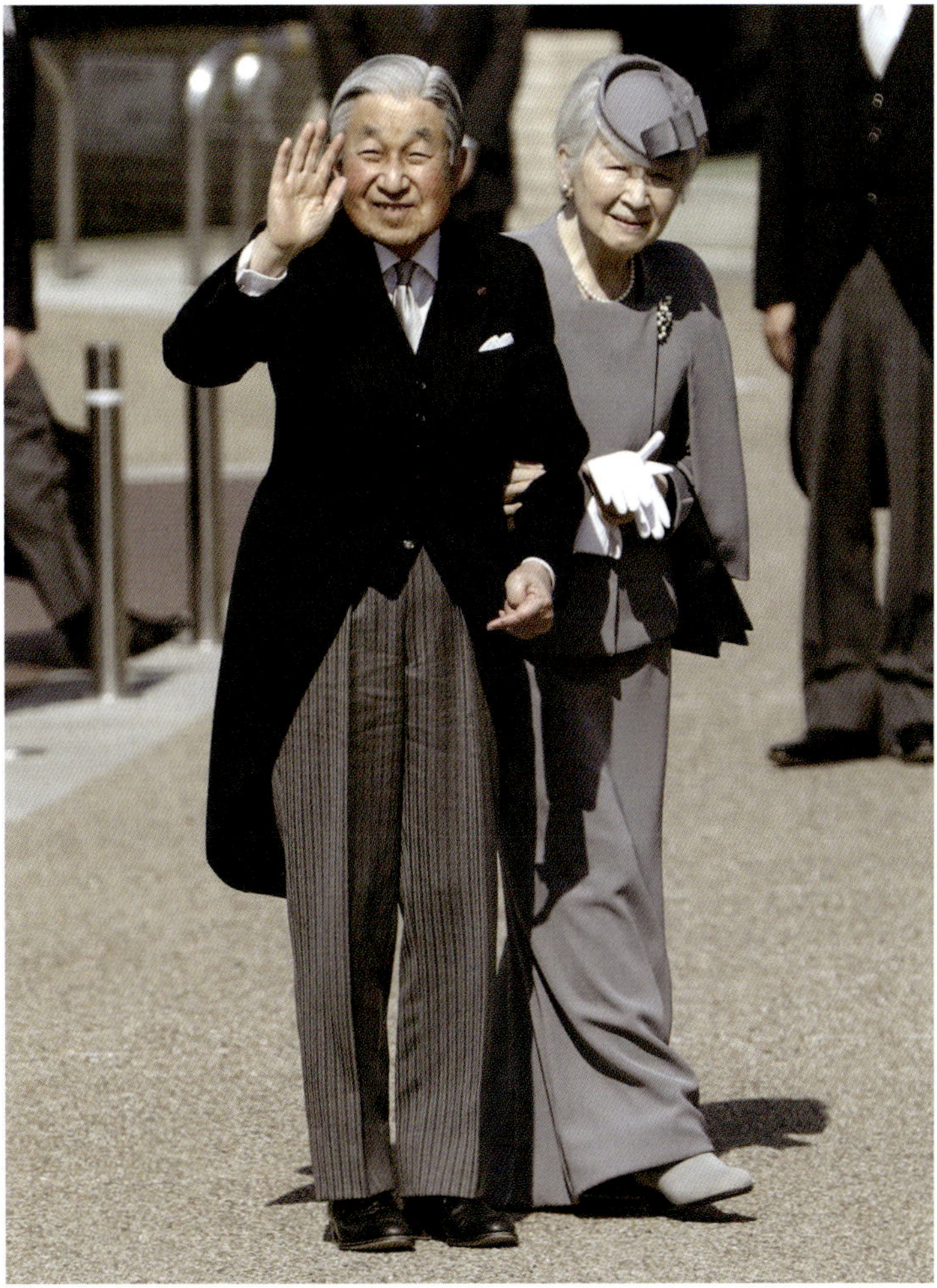

神武天皇陵の参拝を終え近鉄橿原神宮前駅に到着された
天皇皇后両陛下
（写真提供：共同通信社）

はしがき

公益社団法人 国民文化研究会　理事長　今林　賢郁

平成の御代は昭和天皇崩御への深い悲しみのなかに幕を開けた。昭和六十四年一月七日、昭和天皇崩御、同日、皇太子殿下（現在の上皇陛下）践祚、国全体を沈鬱な空気が蔽ふなか、新帝は「即位後朝見の儀」（平成元年一月九日）において、「ここに、皇位を継承するに当たり、大行天皇の御遺徳に深く思いをいたし、いかなるときも国民とともにあることを念願された御心を心としつつ」と、昭和天皇を追慕されながら、天皇の責務を果たしていきたいと述べられた。それから三十年を経た平成三十一年四月三十日、平成の御代は終り、時代は令和へと移ったが、顧みればこの三十年もまた、「いかなるときも国民とともにあることを念願とされた昭和天皇のお心」そのままの歳月であったとあらためて思ふ。

先帝陛下は即位以来、象徴天皇としてあるべき姿を求め続けてこられたが、そのなかで度々われら国民について語られた。「御在位三十年記念式典」（平成三十一年二月二十四日）においては、自分が天皇としての務めを果たすことができたのは、天皇が国民統合の象徴であることに「誇りと喜びを持つことのできる人々の存在」と「長い年月をかけて日本人がつくりあげてきた民度のお陰」であったと述べられ、「退位礼正殿の儀」（平成三十一年四月三十日）では、これまでの天皇としての務めを、「国民への深い信頼と敬愛をもって行い得たことは、幸せなこと」であり、「象徴としての私を受け入れ、支えてくれた国民に、心から感謝」したいとも語られた。先帝陛下はこのやうに、われら国民を信頼し国民と苦楽をともにされながら、天皇のあるべき姿を模索し続けて天皇の務めを終へられた。

「歌会始」以外の昭和天皇のお歌が元日の新聞に掲載されるやうになったのは敗戦後の昭和二十一年であり、元日の掲載が恒例となったのは昭和二十八年から、とのことである。思ひ返せば平成二年は諒闇の中に迎へた新年であり、元日の新聞にお歌が掲載されるか不安がよぎる中、先帝陛下の五首の御製《ぎょせい》（天皇のお歌）を拝することができた。天皇崩御翌年の元日にも、われわれは御製を仰ぐことができたのである。毎年の元日に、天皇、皇后両陛下のお歌を拝することができる我が国の国柄が世界のなかでどれほど稀有なものであるか、我々はあらためて思ひを致し、国柄への自覚を深めたいものである。

天皇を考へるにあたり最も大切なことは、何よりも先づ、そもそも我が国の天皇は一体どのやうな御方であるのか、を正確に知ることであらう。そのためには何に学べばいいか。歴代の天皇方が詠まれたお歌を読むことである。ご自身の喜びや悲しみを、また国の行く末を案じ給ふお心を三十一文字で詠みあげられたお歌が、遠い昔から現在に至るまで多数残されてゐる。そのお歌を拝すればいかに古い時代であらうとも、天皇のお心は今を生きる者に伝はってくることだらう。まことに御製は天皇を学ぶ者にとって欠くことのできない、一級の文献資料である。

御製を読み、拝誦し、お心を憶念する、この努力を積み重ねていけば天皇のお心に近付くことができる。われわれはそのやうに信じ相互の研鑽を続けてきた。その研究成果として今回、『平成の大みうたを仰ぐ 三』を上梓することとなった。本書に採録した「大《おほ》みうた」は、平成二十一年から平成三十一年までの「年頭ご発表」の御製・御歌《みうた》（皇后陛下のお歌）について私共同人による謹解を纏めたものである。同書名の書物はこれまで十年単位で二冊刊行されてゐるが（平成十一年及び平成二十年）、今回の発刊により、平成二年から平成三十一年までの「年頭ご発表」及び「歌会始」の御製・御歌が三巻で纏められたことになる。国民がそれぞれの思ひを込めて暮らした平成の御代を顧みるにあたり、この『平成の大みうたを仰ぐ』三巻が回顧の縁《よすが》になることができれば有り難いと思ふ。

尚、年頭発表の御製、御歌をはじめ、御製御歌の背景になる資料については、日本青年協議会の機関誌『祖國と青年』の記事ならびに編集の方々に大変お世話になった。記して深甚の謝意を申し上げる。また、本書の刊行をとりあげてくださった展転社の方々にも併せて御礼を申し上げたい。

令和元年十一月三日

凡例

一、本書第一部では、年頭ご発表の御製・御歌と当年の歌会始の御製・御歌に謹解を付したものです。

一、御製・御歌は産経新聞（平成二十一年～三十一年の一月一日付）から引用しました。

一、本書は、原則として歴史的仮名遣ひを用ひ、若年層向けにできるだけ振り仮名を付しました。

一、巻末の「平成の御代・略史（平成二十一年～三十一年）」は、産経新聞「天皇、皇后両陛下ご動静」、『天皇皇后両陛下御集』（日本青年協議会編）その他を参照しました。

一、謹解の中の引用箇所は典拠のまま現代仮名遣ひとしました。

目次

第一部　年頭の大みうたを拝して

第二部　天皇皇后（現在の上皇上皇后）両陛下の御心を仰ぎて

第一部

年頭の大みうたを拝して

平成二十一年年頭ご発表

御製

皇居東御苑

江戸の人味ひしならむ果物の苗木植ゑけり江戸城跡に

日本ブラジル交流年・日本人ブラジル移住百周年にちなみ群馬県を訪問

父祖の国に働くブラジルの人々の幸《さち》を願ひて群馬県訪ふ

岩手・宮城内陸地震

災害に行方不明者の増しゆくを心痛みつつ北秋田に聞く

中越地震被災地を訪れて

なゐにより避難せし牛もどり来て角突きの技見るはうれしき

正倉院事務所修補室

宝物《ほうもつ》の元の姿を求めむとちりを調ぶるいたづき思ふ

第五十九回全国植樹祭（秋田県）

さはやかに風渡り来る北秋田に人らとともに木々の苗植う

第二十八回全国豊かな海づくり大会（新潟県）

稚魚放つ河口のあなた大漁旗かかげし船の我らを迎ふ

第六十三回国民体育大会（大分県）

過ぎし日の国体の選手入り来たり火は受け継がる若人の手に

皇后陛下御歌

北京オリンピック

たはやすく勝利の言葉いでずして「なんもいへぬ」と言ふを肯《うべな》ふ

旧山古志村を訪ねて

かの禍《まが》ゆ四年《よとせ》を経たる山古志に牛らは直《なほ》く角《つの》を合はせる

正倉院

封じられまた開かれてみ宝の代《よ》代《よ》守られて来《こ》しが嬉しき

【歌会始】　お題「生」

御製

生きものの織りなして生くる様《さま》見つつ皇居に住みて十五年経《へ》ぬ

皇后陛下御歌

生命《いのち》あるもののかなしさ早春の光のなかに揺《ユ》り蚊《スリカ》の舞ふ

天皇陛下の御即位二十年の今年、両陛下は御成婚満五十年をお迎へになる。この二重の御慶事を国民こぞってお祝ひ申し上げたい。昨年末には、天皇陛下の御病の報があって、国民はみなご心配申し上げたのであるが、このたびも、年頭にあたって、御製および御歌が発表された。その幸ひを心から有難く思ふとともに、両陛下の末長いご聖寿をお祈りせずにはをられない。

謹んで拝誦させていただきたい。

御製

皇居東御苑

江戸の人味ひしならむ果物の苗木植ゑけり江戸城跡に

江戸の人が味はったであらう果物、とはどんな果物だったのであらうと、尽きぬ興味が湧いてくる。報道によれば、お植ゑになったのは現在では栽培されることの少なくなった江戸の果樹古品種である梨や柑橘類の苗木であった。また一般の人々も目にすることのできる皇居東御苑の江戸城本丸跡を選ばれたとのことで、これらは天皇陛下御自身のご発案によるものであったといふ。

御製には、単に「食べしならむ」ではなく、「味ひしならむ」と、江戸の人々の気持ちになって詠んでおいでになる。時は春であらうか。皇后様も傍にをられたにちがひないと拝察しつつ、暖かい日差しを受けながら、苗木をお植ゑになる両陛下のにこやかな御眼差しが目に浮んでくる。絶えていかうとしてゐる果物にも御目を注ぎたまひ、先人の苦心や喜びを、ともになされようとする陛下。これらの苗木が大きく育って美味しい実をつけ、命の受け継がれることを、それをいつか国民もまた味はふことのできることを、陛下は心待ちにしてをられるのであらう。

日本ブラジル交流年・日本人ブラジル移住百周年にちなみ群馬県を訪問

父祖の国に働くブラジルの人々の幸《さち》を願ひて群馬県訪ふ

昨年は、ブラジルへの最初の移民船である笠戸丸が明治四十一年に渡航して以来、百年を迎へた。移住した日本人は慣れない環境の中で、貧しさに耐へてコーヒー園で働き、山野を開墾して農園を経営するなど並々ならぬ努力を積み重ねてきた。その勤勉さからやがて現地の人々の信頼を得るやうになり、今やブラジルの様々な方面で活躍されてゐるとのことである。父祖たちのさうした努力が、現在の両国の信頼関係の基礎になったのである。

日系ブラジル人は今や百五十万人にもなり、日本でも三十万人以上の人々が暮してゐる。

天皇皇后両陛下は昨年四月、日系ブラジルの人々が多く働いてゐる群馬県大泉町をお訪ねになった。御製は、父祖の国、日本で働く人々が、幸せに生きて行くことを願はれたものであるが、これらの人々は父祖の国に来たものの、生活や言葉の問題などで苦労も多いといふ。両陛下のご訪問は、日系ブラジルの人々にはかり知れない大きな勇気と慰めを与へたことであらう。

陛下は、ブラジル移民七十周年記念の折にはブラジルをご訪問になり、「外国に血を分けし人と寄り集ひ共に顧みる七十年の流れ」とお詠みになった。そこには、何世かにわたってブラジルの地に身を捧げてきた移民の人々と一つになって、長い年月の流れに思ひを寄せられる深い大御心がある。昨年六月、皇太子殿下はブラジルをご訪問になり、サンパウロで行はれた移住百周年記念式典にご臨席になり、両陛下からの御下賜金をお渡しになってをられる。

平成六年、遥かブラジルの地より歌会始に短歌を寄せた日本人移民の方があった。村岡虎雄氏のその歌は、「此の波のはてに祖国の美しと孫に語らひよはひかさねる」。日系ブラジルの人々が恋ひてやまぬ美しい日本の姿、それは残念ながら今失はれつつある。陛下の大御心に添ひまつりながら、日本の美しい姿を守っていかなくてはならぬと思ふ。

岩手・宮城内陸地震

災害に行方不明者の増しゆくを心痛みつつ北秋田に聞く

報道によれば、「平成二十年六月、全国植樹祭のため秋田県にお発ちの朝、岩手・宮城内陸地震が発生した。秋田県の被災地は南部であり、県北の北秋田市で開催される植樹祭は予定通り行われるとの連絡で、両陛下は東京を発たれたが、災害対応を優先するようにとの思召しから秋田県知事・県議会議長・県警察本部長の空港お出迎えをお取りやめになり、現地では随従した警察庁長官から随時被災状況のご報告をお受けになった」とある。

御製では、行方不明者の「増しゆく」を「心痛みつつ」とお詠みになり、ご報告をお聞きになるごとに深まっていくご心痛をつぶさに表現された。自分の出迎へよりも、まづは被災者のことを思はれ、その対応をと思し召しになる陛下。国民の苦を、つねに御自らの苦としてお受け止めになる慈しみ深い大御心を拝するのである。

中越地震被災地を訪れて

なゐにより避難せし牛もどり来て角突《つの》きの技見るはうれしき

平成十六年十月、新潟県中越地方を襲った激震によって、長岡市山古志《やまこし》地域（旧山古志村）

は甚大な被害をかうむり、山古志の美しい風景を織りなす棚田も崩れてしまった。翌月、天皇皇后両陛下はヘリコプターでご視察になり、引き続き避難してゐた山古志村の人々をお見舞ひになった。この折に陛下は「地震《なゐ》により谷間の棚田荒れにしを痛みつつ見る山古志の里」とお詠みになってゐる。

この地震から四年を経て、避難してゐた人々が戻り、村人の努力によって山古志にも復活の兆しが見えてきた。両陛下は昨年九月八日山古志を再びご訪問になり、村人が日の丸を振って歓迎する中、その大地にお立ちになったのである。山古志は錦鯉や牛の角突きで有名であるが、両陛下は、地震のために避難してゐた牛が村に無事にもどり、再びはじまった牛の角突きの練習をご覧になって、ぶつかり合ふ闘牛や勢子の勇ましさに拍手を送られたといふ。御製は、もどってきた牛の角突きをご覧になって「うれしき」と率直に、じつに平明に詠んでをられる。何のてらひもなく、堂々とまっすぐにお詠みになってゐるのである。

牛舎で両陛下をお迎へした二十七歳の青年は、「山古志の牛飼いの火を消さないように頑張っていきます」と両陛下に再建を誓ひ、また被災当時村長であった長島忠美氏は「今回のお見舞いで、新たに力をいただいた」とその喜びを語り、「両陛下にお越しいただいた九月八日を新たな起点に、さらに千年、日本人の誇りをもって住み続けられる地域にしていきたい」と述べてゐる（『祖國と青年』十月号）。両陛下の慈愛にふれて、民の苦しみは転じて、大きな喜びに生れ変っていったことを思ふのである。

正倉院事務所修補室

宝物《ほうもつ》の元の姿を求めむとちりを調ぶるいたづき思ふ

昨年十月、両陛下は奈良県に行幸啓され、正倉院をご訪問になった。奈良時代以後千二百有余年にわたり、幾多の危機を乗り越えて、正倉院の建物と九千点にものぼる御物は、古のままに現代まで伝へられてきた。報道によれば、両陛下は、正倉院宝物の点検作業と調査の状況を視察され、修補室では塵埃《じんあい》のやうになった染織品の断片を丹念に修復して、今は形を止めなくなった宝物本来の姿を追ひ求める様をご覧になったといふ。御製は、「ちり」のやうになってしまった細かな糸くづを調べて復元に努めてゐる人々の「いたづき」、大変な労力に思ひを寄せて詠まれたものである。

陛下は、平成十四年に正倉院をご訪問になった折にも、「千歳《ちとせ》越えあまたなる品守り来し人らしのびて校倉《あぜくら》あふぐ」と詠まれ、これらの御物を守ってきた人々を偲びつつ、御物を長い歳月収納し保ってきた校倉造りの正倉院を仰がれたのであった。

第五十九回全国植樹祭（秋田県）

さはやかに風渡り来る北秋田に人らとともに木々の苗植う

第五十九回全国植樹祭は、秋田県では四十年ぶりに昨年六月十五日、北秋田市の県立北欧の森公園において、天皇皇后両陛下のご臨席のもとに開催された。前述したやうに、当日の朝に岩手・宮城内陸地震が起り、不安の中での植樹祭となったが、「手をつなごう　森と水とわたしたち」をテーマにおよそ一万五千人の人々が集ひ、新緑に包まれた会場ではブナ、秋田杉など二十四種類、一万二千本の苗木が植ゑられたといふ。天皇陛下は、ブナ、トチノキ、秋田杉の苗木を、皇后陛下はカツラ、ミヅキ、ヤマモミヂをお手植ゑ、お手播きされた。御製は、多くの人々と木々の苗をお植ゑになるお喜びをお詠みになったが、会場に渡ってくるさはやかな風そのままに、清々しい御製である。

第二十八回全国豊かな海づくり大会（新潟県）

稚魚放つ河口のあなた大漁旗かかげし船の我らを迎ふ

第二十八回全国豊かな海づくり大会は、両陛下をお迎へして、新潟市の朱鷺《とき》メッセを中心に九月六日〜七日に開催された。式典では天皇陛下からお言葉があり、サケの養殖のための努力を重ねて、サケの遡る川を豊かに、また川の注ぐ海を豊かにしてきた人々を称へられ、「二度にわたる震災を乗り越え、新潟県で開催されるこの大会が、海や漁業への関心と理解を深め、人々が協力して豊かな海をつくっていくための契機となることを願います」と述べられた。

式典の後、信濃川河口において、第一回御放流では両陛下によってヒラメが放流され、第二回御放流では、天皇陛下はモクヅガニを、皇后陛下はクロダヒを放流された。この時、河口には、新潟漁業協同組合の板びき網漁業者が、地元新潟市管内の漁業者と共に十数艘の「板びき網船」に大漁旗を掲げて奉迎した。御製はその様子をお詠みになったが、陛下の御まなざしは、「稚魚」から「河口」の「あなた」へ広がっていき、彩りもはなやかな大漁旗をかかげる船へと注がれる。お歓びに満ちた御製であるが、日焼けした漁師の嬉しさうな顔までも見えるやうである。君民の心の通ひあふ一時である。

第六十三回国民体育大会（大分県）

過ぎし日の国体の選手入り来たり火は受け継がる若人の手に

さはやかな秋晴れとなった九月二十七日、大分スポーツ公園九州石油ドームにおいて、天皇皇后両陛下のご臨席のもと、四十二年ぶりとなる大分国体の開会式が行はれた。炬火のリレーでは、前回の大分国体選手代表宣誓者である今村満氏、およびボクシング男子団体優勝者の中村哲明氏から、今回の大分代表国体選手である村上仁紀氏（フェンシング）、および安部歩美さん（なぎなた）へと、炬火は受け継がれた。

御製は、四十二年の時をこえて、過し日の大分国体で活躍した選手から今回の若い選手へと受け継がれる炬火に、思ひをこめてお詠みになった。炬火を通じて、先輩の手と後輩の手はしっかりと結ばれ、力と技と、健全なる精神とが受け継がれてゆく。国体をこえて、日本の将来を担ふ若人たちに対する陛下の願ひがこもった御製と拝するのである。

皇后陛下御歌

北京オリンピック

たはやすく勝利の言葉いでずして「なんもいへぬ」と言ふを肯《うべな》ふ

八月に開催された北京オリンピックでは、日本は金九、銀六、銅十の計二十五個のメダルを獲得した。中でも競泳男子平泳ぎでは、北島康介選手が二大会連続二冠を達成する偉業を達成し、とくに百メートル決勝では、世界新記録での金メダルであった。掲示板に表示が出た時、北島選手は喜びの雄たけびをあげたが、インタビューでは感動のあまり声につまり、「すいません。なんにも言えねー」と言ったまま、タオルで顔を覆った。皇后様はテレビをご覧になったのであらう、北島選手の飾らない姿に、ほほ笑みと拍手をお送りになられたと思ふ。「うべなふ」とのお言葉には、「それでいいんですよ」とあたたかく包みこまれる母のやうなまなざしを感じるのである。

旧山古志村を訪ねて

かの禍《まが》ゆ四年《よとせ》を経たる山古志に牛らは直《なほ》く角《つの》を合はせる

「かの禍」とはもちろん中越地震をさす。陛下とともに昨年九月、旧山古志村をお訪ねになった皇后様は、闘牛といふ男性的な格闘をご覧になりながら、ここに「直く角を合はせる」と、闘ひの始めに牛と牛が勢子によって素直に角を合はせる様に目をとどめられた。その柔らかな表現に、牛に対しても微笑むごとく思ひを寄せられる、皇后様の優しいお心が伝はってくる。

正倉院

封じられまた開かれてみ宝の代代《よよ》守られて来《こ》しが嬉しき

昨年十月、陛下にご同行されて正倉院に歩をすすめられた折の御歌である。正倉院御物は、勅許がないと開封されないままに長い間守られてきた。明治になっても変らず、毎年秋季の宝庫開閉は勅使（侍従）の立ち会ひのもとで行はれてゐる。

曝涼（虫干し）の意味を含んだ秋季定例開封は古都奈良の年中行事となってをり、国民はこれを拝観することができる。御歌は、かうして千二百有余年もの間、代代に御宝が守られてきたことへの喜びを歌ってをられる。皇后様は、皇居内の紅葉山御養蚕所で日本純粋種の蚕（小石丸種）を飼育なさってゐるが、その生糸によって正倉院宝物の復元もなされてゐる。伝統文化保存に寄せられる両陛下の並々ならぬお気持ちを、改めて有難く思ふのである。

【歌会始】　お題「生」

御製

生きものの織りなして生くる様《さま》見つつ皇居に住みて十五年経《へ》ぬ

かつての武蔵野の面影を残す皇居の杜には、様々な木や草花が生ひ、様々な鳥や虫がともに暮してゐるといふ。「織りなして生くる」とのお言葉にことに心惹かれるが、単に多くの生き物が生存するのではなく、それらが互ひに命を育みあひながらともに生を織りなしてゐる。それこそが、生命あるものの生を営む姿とお示しになったと拝察する。陛下は平成五年十二月に赤坂離宮を離れて、皇居内の御所にお移りになられた。御父君である昭和天皇、御母君である香淳皇后は、かつて皇居の内にお住ひになってその自然をこよなく愛し、多くの御製御歌を残された。皇居にお住ひになって十五年といふ月日が過ぎて行った、とお詠みになるとき、お言葉にこそ出されないが、慈しみ深かった先の天皇、皇后様を懐かしくお偲びになる御心を拝するのである。

皇后陛下御歌

生命《いのち》あるもののかなしさ早春の光のなかに揺り蚊《ユスリカ》の舞ふ

なんといふたをやかな御歌であらう。「いのちあるもののかなしさ」といふお言葉の響きがかなでるいとほしさ。「かなしさ」は「悲しさ」であり、「愛しさ」でもある。「ゆすりか」といふ虫の名も、命のかそけさを感じさせる。揺り蚊は蚊よりも小さく、より軟弱で、産卵後一、二日でその生命を終へるといふ。生きてゐるわづかの間をいとしむやうに、揺り蚊はまるで揺れるやうに、早春の光の中に消え入るごとく舞ふのであらうか。皇后様の御歌も、天皇陛下の御製と対をなしつつ、生きとし生くるものへの、限りない慈しみのお心をお示しになられるのである。

（『国民同胞』平成二十一年二月号　小柳左門）

平成二十二年年頭ご発表

御製

結婚五十年に当たり皇宮警察音楽隊の演奏を聞く

我が妹《いも》と過ごせし日々を顧みてうれしくも聞く祝典の曲

カナダ訪問

若き日に旅せしカナダ此度《こたび》来て新しき国の姿感じぬ

即位二十年の国民祭典にて

日の暮れし広場に集ふ人と聞く心に染《し》むる「太陽の国」

御所の庭にて

取り木して土に植ゑたるやまざくら生くる冬芽の姿うれしき

即位の頃をしのびて

父在《ま》さば如何《いか》におぼさむベルリンの壁崩されし後の世界を

第六十回全国植樹祭（福井県）

生徒らの心を込めて作りたる鍬《くわ》を手に持ち苗植ゑにけり

第六十四回国民体育大会（新潟県）

地震《なゐ》による禍《まが》重なりしこれの地に人ら集ひて国体開けり

皇后陛下御歌

カナダ訪問

始まらむ旅思ひつつ地を踏めばハリントン・レイクに大き虹立つ

宇宙飛行士帰還

夏草の茂れる星に還り来てまづその草の香を云ひし人

御即位の日回想

人びとに見守られつつ御列《おんれつ》の君は光の中にいましき

【歌会始】　お題「光」

御製

木漏れ日の光を受けて落ち葉敷く小道の真中《まなか》草青みたり

皇后陛下御歌

君とゆく道の果たての遠白《とほしろ》く夕暮れてなほ光あるらし

御製

結婚五十年に当たり皇宮警察音楽隊の演奏を聞く

我が妹《いも》と過ごせし日々を顧みてうれしくも聞く祝典の曲

天皇皇后両陛下は、昨年、昭和三十四年の御成婚の儀から五十年の記念すべき年をお迎へになった。四月十日のその日、両陛下は宮内庁庁舎前にお出ましになり、奉祝の記帳に訪れた人々とともに皇宮警察音楽隊の演奏する團伊久磨《だんいくま》作曲の御成婚奉祝曲「祝典行進曲」をお聞きになった。その際の陛下のお喜びが、「うれしくも」のお言葉にあふれてゐる。

御成婚当時、私は小学生であったが、テレビのある近所のお宅にお邪魔して、都内の大通りを進む車馬御列を拝見した。馬車の上で手を振られる両陛下の若き日のお姿を一緒に歓声を上げながら見入ったことを思ひ出す。それは戦後の復興期をやうやく過ぎた頃の、国全体がはじけるやうな喜びに包まれた慶事であったが、その折の祝典行進曲を陛下は懐かしく思ひ出されたことであらう。

「我が妹」と詠まれたお言葉には、皇后様に対する陛下のなみなみならぬ愛情を感じる。陛下は皇后様とともに歩まれたこの五十年を顧みて、「妹と過ごせし」と詠んでをられる。昭和から平成へ、その中でいかなる時も両陛下は寄り添ふやうにしつつ、国内外の人々との交流を深められ、ひたすら祈りを捧げ国民を励ましてこられた。

御成婚五十年にちなむ記者会見で、天皇陛下は横にいらっしゃる皇后様を振り返りながら、「結婚五十年に当たって贈るとすれば感謝状です。…本当に五十年間よく努力を続けてくれました。その間にはたくさんの悲しいことや辛いことがあったと思いますが、よく耐えてくれたと思います」と声を詰まらせながらお答へになったその御姿に、多くの人達は深く胸を打たれたことと思ふ。

天皇陛下には一昨年体調を崩され、現在も御身体をいとひながらお過ごしのことと拝察する。皇后陛下も膝を痛められたとのことであるが、階段を歩まれる折などに天皇陛下がそっとお手を添へられるご様子を拝するとほのぼのとしたものを感じるのである。両陛下のご健康を心よりお祈りして、この大御歌を拝誦したい。

カナダ訪問

若き日に旅せしカナダ此度《こたび》来て新しき国の姿感じぬ

天皇皇后両陛下は、昨年七月、修好八十周年を迎へたカナダをご訪問になった。天皇陛下は皇太子の折（御歳十九）、平和条約が発効した翌年の昭和二十八年、昭和天皇の御名代として英国エリザベス女王の戴冠式に参列されたが、その途次、カナダをご訪問になった。海外の地で初めての夜を過されたのがビクトリアで、当地の人々の厚いもてなしをお受けになった。またバンクーバーからトロントに至る大陸横断の鉄道車中に四晩三日をお過しになり、厳しい寒さの中で各駅で温かく迎へてくれた日系の人々との出会ひがあったことなどを、陛下はなつかしく語ってをられる。その「若き日」から五十六年、此度は皇后様とともにお訪ねになったのである。

陛下は公式歓迎行事において、「古くからこの国に住んできた人々と、様々な国々から移り住んできた人々が、それぞれの文化を受け入れ、穏やかに今日の国の姿を創り上げようと、努力を重ねてきた貴国への在り方への理解を深めることに努めたいと考えています」と述べられた。「新しき国の姿」とお詠みになったのは、この五十余年の間にもカナダの人々がともに築かうとしてきた努力への敬意のご表現であったと思はれる。このやうなお言葉のうちにも、そこに住む人々への共感を抱きつつ国際的な親交を大切になされようとする大きな包容力を感じるのである。

即位二十年の国民祭典にて

日の暮れし広場に集ふ人と聞く心に染《し》むる「太陽の国」

昭和天皇が御隠れになって平成の御代となって昨年は二十年。御即位二十年をお祝ひする集ひは全国各地で時と所をかへて開催されたが、即位礼の日に当たる十一月十二日には、皇居前広場を中心に三万余の人々が集まって奉祝の国民祭典が開かれた。音楽隊や御神輿などがパレードした第一部の「奉祝まつり」に続く第二部の「祝賀式典」は夕刻から始まり、各界の代表からのお祝ひの辞や奉祝演奏が行はれるなか、両陛下は午後六時半過ぎに二重橋の上に提灯を捧げてお出ましになった。広場を埋め尽くした人々が打ち振る提灯の光の波と日の丸の小旗の向うに、両陛下のお姿が浮かび上がる。

この祝賀式典で演奏されたのが、この日のために作られた秋元康作詞・岩代太郎作曲の「太陽の国」である。曲は三部構成になってをり、第三部「太陽の花」は男性グループＥＸＩＬＥによって唱はれた。作詞者によれば、陛下への思ひを「太陽」といふ言葉に集約させ、「太陽は変わることなく輝いて、そよ風に微笑みながら、一人一人を、おだやかに見守っている」と繰り返してゐる。当日の夜はかなり冷え込んだが、両陛下は二重橋の上にお立ちになって、人々とともにじっと聴き入ってをられた。「心に染むる」とお詠みなったその曲は、よほど御心に響いたのであらう。

このあと陛下から、「…きょうの天候を心配していましたが、幸いに天気になり、安堵しました。しかし少し冷え込み、皆さんには寒くはなかったでしょうか。本当に楽しいひとときでした。ありがとう」とのお言葉がかけられると、参会者に大きな感動が広がって、聖寿万歳の声がいく度も繰り返され、さながら「聖なる夜景」のやうであったといふ。

御所の庭にて

取り木して土に植ゑたるやまざくら生くる冬芽の姿うれしき

陛下は、宮内庁庭園課の職員の指導を受けられて、一昨年初めてヤマザクラの取り木をなさったが、成功しなかった。しかし昨年は十本の取り木を試みられ、そのうち二本が土に植ゑられてしっかりした冬芽を宿した。

取り木とは、枝の途中の皮を幅一センチほどひと周り剥ぎ取って、その周囲に水苔を巻いて発根を促し、土に植ゑかへて育てるやり方のことである。それは根気のゐる繁殖法なのであらう。それを陛下は二年がかりで、やうやく成功されたのだが、取り木したヤマザクラの先に冬芽を見出されたお喜びが、「うれしき」のお言葉に素直に表はされてゐて胸をうつ。陛下が御目を細くして見つめてをられるお姿が、そして皇后様もお側でともに喜んでをられるお姿が目に浮かぶやうである。イ行の引き締まる音と、ア行のおほらかな音とが織りなす、美しくも力強い調べの御製である。

即位の頃をしのびて

父在《ま》さば如何《いか》におぼさむベルリンの壁崩されし後の世界を

昭和天皇崩御の年、今上天皇御即位の平成元年（一九八九）にベルリンの壁が崩壊し、翌年に統一ドイツが誕生した。陛下は、御在位二十年記念式典のお言葉の中で、「この二十年間に国内外で起こったこととして忘れられないのはベルリンの壁の崩壊です。即位の年に起こったこの事件に連なる一連の動きにより、ソビエト連邦からロシアをふくむ十五ヶ国が独立し、それまでは外部からうかがい知ることのできなかったこれらの地域の実情や歴史的事実が明らかになりました。より透明な世界が築かれていくことに深い喜びを持ったことが思い起こされます」と仰ってゐる。式典のお言葉はさらに「しかし、その後の世界は人々の待ち望んだような平和なものとはならず、今も各地域で紛争が絶えず、多くの人命が失われているのは誠に残念なことです」と続く。

平成の二十年間は、我が国にとってもまた世界においても新たに多くの問題が発生し、苦難に満ちた二十年でもあった。この時代にあって、陛下は常に我が国と世界の人々の平安を祈り希求してこられた。その御心はまた、御父君昭和天皇の御心に繋がるものであった。この御製を拝誦すると、陛下は父君ならばどのやうに思はれるであらうかと、折々に御心の内に問ひかけてこられたのではないか、と畏れ多くも拝察しまつるのである。平成十二年には、「大いなる世界の動き始まりぬ父君のあと継ぎし時しも」との御製があるが、そのみ思ひをさらに深め、幽遠なる調べを詠まれたのであった。

第六十回全国植樹祭（福井県）

生徒らの心を込めて作りたる鍬《くわ》を手に持ち苗植ゑにけり

第六十回全国植樹祭は、福井県一乗谷朝倉遺跡において全国から約二万四千人の人々が集ひ、両陛下のご臨席のもと、「未来へつなごう、元気な森、元気なふるさと」をテーマに六月七日に開催された。

天皇陛下は、ウスズミ桜、アカマツ、ケヤキの三本の苗を、また皇后陛下は、ウハミズ桜、トチノキ、スダジヒの三本の苗をお手植ゑになり、さらに天皇陛下はヤブツバキ、キタコブシの種子、皇后陛下はユキバタツバキ、ヤマボウシの種子を御手播きになった。両陛下がお手植ゑなさるときにお使ひになった鍬は、福井高校の生徒達がこの日のために家具協会のボランティアの指導を受けながら、精魂こめて作り上げたものであった。陛下は「生徒らの心を込めて作りたる」とお詠みになった。生徒達の心をくみとられその鍬を御手に取り、木と森の成長を祈りつつ植樹をなさったことと拝察するが、この御製に生徒たちはいかほどか感激したことであらう。その鍬はまた生徒達の心を耕し育んでいくことであらう。陛下と生徒たちとがひとつに融け合ふ、心暖まる御製である。

第六十四回国民体育大会（新潟県）

地震《なゐ》による禍重《まが》なりしこれの地に人ら集ひて国体開けり

第六十四回国民体育大会は新潟市の東北電力ビッグスワンスタジアムにおいて、九月二十六日より十一日間開催された。一時は絶滅したものの佐渡で甦った朱鷺にちなんで、「トキめき新潟国体」と名付けられた本大会の開会式に、両陛下はお健やかにご臨席された。

平成十六年十月、新潟県中越地方は最大震度七の激しい地震に襲はれ、死者六十八名、家屋の全半壊一万六千余棟におよぶ甚大な被害を蒙った。さらに平成十九年七月には、最大震度六強の地震がまたも新潟県で発生し、死者十五名を数へた（新潟県中越沖地震）。両陛下は、被災地に直接赴かれ被災者を励まされたのであったが、県内外の人々の努力と協力によって、被災地は少しづつ復興をとげつつある。その新潟県で国体が開かれることに天皇陛下には深い感慨を思し召しになったことであらう。

「地震による禍重なりしこれの地に」といふお言葉の中に被災者への限りない慈しみがあふれ、「人ら集ひて国体開けり」と、国体開催のために努力を重ねた人々へのねぎらひと、今かうして開催されたことへのお喜びを簡潔に表現されてゐる。

皇后陛下御歌

カナダ訪問

始まらむ旅思ひつつ地を踏めばハリントン・レイクに大き虹立つ

一読、目の覚めるやうな美しい御歌である。七月にカナダ国を訪問された天皇皇后両陛下は、オタワに到着されると、時差調整を兼ねて週末をケベック州にある首相の夏期別荘地、ハリントン・レイクで過された。初めてカナダをご訪問されるにあたって、皇后様には今から始まらうとする旅路にご期待とともに一抹のご心配もおありだったかもしれない。その皇后様がハリントン・レイクの地におみ足を踏まれたその時、夕暮れの空に大きな虹が立つのをご覧になった。行く手を幸きはふやうな、思ひがけない虹の出現に、喜びと安堵を感じられたお心がそのままに伝はってくるやうな一首である。

宇宙飛行士帰還

夏草の茂れる星に還り来てまづその草の香を云ひし人

若田光一宇宙飛行士は、日本人として初めて国際宇宙ステーションに長期滞在し、日本実験棟「きぼう」の完成など四ヶ月半に及ぶ活動ののち、七月下旬無事に帰還した。帰還後の記者会見で若田さんは、「ハッチが開いて草の香りがシャトルに入ってきたとき、地球に迎え入れられた気がした」と笑顔で語った。季節は夏の盛り、宇宙からは青さが目に染みるであらうこの地球に、元気に帰還した若田さんがまづ感じた最初の印象を、皇后様ご自身も受け止められてともに草の香をなつかしんでをられるやうな御歌である。「香を云ひし人」というふ体言止めの表現には、大きな務めを無事に終へて、さはやかに語る若田さんに寄せられるみ心の温かい余韻を感じるのである。

御即位の日回想

人びとに見守られつつ御列《おんれつ》の君は光の中にいましき

平成二年十一月、天皇陛下の御即位の礼が執り行はれ、正殿の儀に続いて祝賀御列の儀に臨まれた両陛下は、柔らかい秋の日差しの中、十万人を越す人々の奉祝歓呼の声をお受けになりながら、赤坂御所までオープンカーでお帰りになった。その時の陛下を、「君は光の中にいましき」と皇后様は詠はれたのである。「光」とは、秋の陽ざしであるばかりでなく、この日を嘉する人々の喜びの眼差しであり、また御即位されたばかりの陛下をまばゆく仰がれた皇后様の御心でもあらう。あるいはまた、天照大神を初めとした神々のみ光かもしれないと感じる。

天皇陛下を敬愛してやまぬ皇后様のみ心は、様々の御歌に拝することができるのであるが、この御歌もまた忘れがたい一首として国民のこころに永く残ることであらう。

【歌会始】　お題「光」

御製

木漏れ日の光を受けて落ち葉敷く小道の真中《まなか》草青みたり

皇居吹上御苑のお庭を散策されてお詠みになった御製とのことである。木立の間から漏れる日の光が、落ち葉の敷きつめた小道に射しこみ、その小道の真ん中に、草が青々と生ひ出てゐる。何と静かで、奥行きの深い御製であることか。時は早春であらうか。長い時を経て散り敷いた落ち葉と、木漏れ日の光を受けて息づく新緑の草。落ち葉の滋養が新たなる生命を育み、静謐なるハーモニーを奏でるがごとくである。ゆっくりと林の中を歩まれる陛下のお足もとでは、かさかさと落ち葉を踏む音がし、遠くから時をり鳥の声も聞こえるかのやうだ。陛下の安らぎにみちたお姿を拝する思ひで、胸はあふれるのである。

皇后陛下御歌

君とゆく道の果たての遠白《とほしろ》く夕暮れてなほ光あるらし

今年もまた、皇后様のかくも品格の高い御歌を拝することができたのは、なんと有難いことだらう。「君」とはいふまでもなく天皇様である。お二人で歩んで行かれる道の果たて、その遠いはるかな空は白く明るみを帯び、日が落ちて夕暮れの迫る空には、まだなほ光があるやうだ、とお詠みになるお言葉一つ一つの美しさ。この御歌もまた、早春の皇居を散策された時の情景とのことで、「道」と「光」とが御製と一対をなしてゐて心惹かれる。「君とゆく道」といふお言葉には、ただの道を超えて、この五十年ともに歩んでこられた天皇様への深い信頼と敬愛の情が感じられる。御歌の情景を偲んでゐると、ミレーの晩鐘の絵が思ひ出され、道の果たての空の光を眺められつつ、ともに祈られる両陛下の御姿を偲びまつるのである。

（『国民同胞』平成二十二年二月号　小柳左門）

平成二十三年年頭ご発表

御製

石尊山登山

長き年の後に来たりし山の上《へ》にはくさんふうろ再び見たり

大山千枚田

刈り終へし棚田に稲葉青く茂りあぜのなだりに彼岸花咲く

虫捕りに来し悠仁に会ひて

遠くより我妹《わぎも》の姿目にしたるうまごの声の高く聞え来《く》

遷都千三百年にあたり

研究を重ねかさねて復原せし大極殿《だいごくでん》いま目の前に立つ

奄美大島豪雨災害

被災せる人々を案じテレビにて豪雨に広がる濁流を見る

第六十一回全国植樹祭（神奈川県）

雨の中あまたの人と集ひ合ひ苗植ゑにけり足柄の森に

第三十回全国豊かな海づくり大会（岐阜県）

手渡せるやまめは白く輝きて日本海へと川下りゆく

第六十五回国民体育大会（千葉県）

花や小旗振りて歩める選手らに声援の声高まりて聞こゆ

皇后陛下御歌

明治神宮鎮座九十年

窓といふ窓を開きて四方《よも》の花見さけ給ひし大御代《おほみよ》の春

ＦＩＦＡワールドカップ南アフリカ大会

ブブゼラの音も懐しかの国に笛鳴る毎《ごと》にたたかひ果てて

「はやぶさ」

その帰路に己れを焼きし「はやぶさ」の光輝《かがや》かに明かるかりしと

【歌会始】　お題「葉」

御製

五十年《いそとせ》の祝ひの年に共に蒔きし白樺の葉に暑き日の射す

皇后陛下御歌

おほかたの枯葉は枝に残りつつ今日まんさくの花ひとつ咲く

御製

長き年の後に来たりし山の上《へ》にはくさんふうろ再び見たり

石尊山登山

声を出して拝誦するとゆったりとした時の流れが「はくさんふうろ」に集中され、最終句に作者の感動と思ひが統一されてゐる、心洗はれる御製である。年頭に、御製を拝誦することによって、天皇陛下の御感動をその御息づかひのままに味はせて頂くことのできる幸せを感じる。

昨年喜寿をお迎へになり、十二月二十三日、七十七歳になられた陛下は、八月二十四日、ご静養のため長野県軽井沢町に赴かれた。そのご滞在中、秋篠宮ご一家とともに皇太子時代にご家族でしばしば訪れた石尊山《せきそんざん》（一六六七・七メートル）に約三十年ぶりにお登りになられた折の御製である。

「はくさんふうろ」（白山風露）は、本州北中部の亜高山帯だけに分布し、日当たりのよい湿った草原に生えて群落を形成する植物で、高さは三十から五十センチ。秋には美しく紅葉し、七月から八月にかけて白色に近いものから濃いピンク色までの花を咲かせる。花弁に縦の縞模様がある可憐な花である。具体的に花の名前が詠み込まれてゐて、「高原にみやまきりしま美しくむらがりさきて小鳥とぶなり」といふ昭和天皇の御製（昭和二十四年）が思ひ起される。陛下は「登りはまあまあでしたが、下りは滑りやすく、時々後からついてきた秋篠宮や眞子に助けられました。以前登ったときには考えられなかったことです」とお述べになってゐる。「長き年の後に来たりし」のお言葉には単に久しぶりにといふ意味だけではない深い思ひが込められてゐるやうに拝察される。

大山千枚田

刈り終へし棚田に稲葉青く茂りあぜのなだりに彼岸花咲く

稲刈りの終った千枚田に広がる緑と、畦道の傾り《なだ》（斜面）に咲く彼岸花の赤とのコントラストが映える光景が髣髴《ほうふつ》としてくる。

棚田とは傾斜地を耕して階段状に作った田んぼのことで、昨年九月、千葉県で開催された第六十五回国民体育大会に御臨席の折に、九月二十七日、鴨川市の大山千枚田をご視察になられた。そこには三百七十五枚の棚田があって、平成十一年七月、農林水産省が発表した「日本の棚田百選」にも選ばれてゐる。

「あぜのなだり」とは田と田の間に土を盛り上げ境とした畦が傾斜してゐる所を指す。「青く」の青は青・緑・藍など通して使用するが、ここでは稲の切株に生えてきた稲の葉の「緑」

で、彼岸花は曼珠沙華とも呼ばれ、秋の彼岸前後に赤い花を開く。移ろひ行く自然界の営みにお目を止められた心温まる御製である。

虫捕りに来し悠仁に会ひて

遠くより我妹《わぎも》の姿目にしたるうまごの声の高く聞え来《く》

悠仁親王殿下のお元気なお声で満たされてゐるお歌である。

悠仁様のことを陛下は「虫が好きで、秋には生物学研究所や御所の庭に来て、バッタやカマキリを捕まえたりしています」と述べられてゐるが、その折の御製と拝察する。

「我妹」は男性が女性を親しんで使ふ語で、ここでは皇后陛下。「うまご」は孫、子孫。四歳の悠仁様は、秋篠宮同妃両殿下のことを「お父様」「お母様」とお呼びになってゐるとのことであるが、皇后陛下のことは何とお呼びになるのか、はたまたこの度はどういふお言葉を発せられたのか、想像するだに微笑ましい情景が浮んでくる。

遷都千三百年にあたり

研究を重ねかさねて復原せし大極殿《だいごくでん》いま目の前に立つ

十月八日、平城遷都千三百年記念祝典に御臨席のため奈良県を行幸啓になり、復原された

「第一次大極殿」を訪ねられた際の御作である。
「いま目の前に立つ」といふご表現のなんと斬新であることかと驚かされる。普通であれば「大極殿の前にいま立つ」と表現するところだらうが「大極殿」「いま」「目の前に立つ」と表現されることによって、ここに今立ってゐるといふ感動が強まり、大極殿の巨大な姿までもが現れてくるのである。

大極殿は即位の大礼や元日朝賀、あるいは外国使節来朝の際の儀式が執り行はれた所で、その復原作業は昭和五十三年に策定された「特別史跡平城京跡保存整備基本構想」から始まってゐる。奈良文化財研究所が主体となった復原原案づくりだけでも昭和五十八年から平成十年までの十七年を要してゐる（奈良文化財研究所のホームページから）。「研究を重ねかさねて復原せし」と、復原にまでこぎ着けた人々を労はれるお心が率直に詠まれてゐる。

和銅三年（七一〇）の平城遷都は第四十三代元明天皇の御代であった。それから千三百年を経て、第百二十五代の天皇として「平城遷都千三百年記念祝典」に臨まれた陛下の御胸中は、拝察するに余りあることだが、「大極殿いま目の前に立つ」とのご表現に、遥か奈良朝に思ひを馳せられたのではないかと拝するのである。

被災せる人々を案じテレビにて豪雨に広がる濁流を見る

くぐもるやうな沈重な調べが一首を貫き陛下の被災された方々へのご深慮が伝はってくる。

陛下はお誕生日に際し、宮内記者会と会見されて、一年を振り返ってをられる。その中で奄美大島での豪雨災害に触れられて、次のやうに述べられてゐる。

「十月には鹿児島県の奄美大島を、この地域の人々がこれまで経験したことがないような激しい豪雨が襲い、死者を伴う大きな災害をもたらしました。亡くなった人々の家族の悲しみ、住む家を失った人々の苦しみに深く思いを致しています。交通や通信が途絶した中で、かなりの時間を過ごさなければならなかった島民の不安な気持ちはいかばかりであったかと思います」

さらに続けて「四十年以上も前に私どもは奄美大島を訪れ、当時の名瀬市から山道を通って、この度大きな災害を受けた当時の住用村に行きました。当時を思い起こすとき、このような道路が寸断された山地の多い島で、救助活動に当たった人々の苦労がしのばれます」と述べてをられる。恐懼するのみである。

第六十一回全国植樹祭（神奈川県）

雨の中あまたの人と集ひ合ひ苗植ゑにけり足柄の森に

四十七都道府県のすべてで植樹祭が行はれたことになる昨年の「全国植樹祭」は、五月二十三日、神奈川県南足柄市と秦野市で行はれた。足柄森林公園丸太の森地区では、陛下がケヤキ、無花粉スギ、クヌギを、皇后陛下がヤマザクラ、イロハモミヂ、シラカシをお手植ゑになり、ついで県立秦野戸川公園地区での植樹祭式典では、陛下がブナとスダジヒの種を、皇后陛下がコブシとヤブツバキの種をお手播きになられた。

ビニールの雨合羽姿の子供にお手植ゑに使はれた鍬を笑顔で手渡される両陛下のお写真を改めて拝見して（『皇室』平成二十二年秋号）、「雨の中あまたの人と集ひ合ひ」と詠まれた陛下のお心持ちが察せられた。初夏の雨天の下で、「あまたの人と集ひ合ひ」が叶ったお喜びが感じられるお歌である。今次の植樹祭には八千二百余人が参列してゐる。

第三十回全国豊かな海づくり大会（岐阜県）

手渡せるやまめは白く輝きて日本海へと川下りゆく

六月十三日、岐阜県関市で開かれた第三十回全国豊かな海づくり大会に御臨席の後、長良川河畔で陛下はヤマメ、アユ、カジカ、皇后陛下はアジメドヂャウ、アマゴの稚魚をご放流なされた。その際の御製である。この日と前日に県下の全市町村で行はれた関連行事には十六万二千余の県民が参加してゐる。

「手渡せる」とは、人の手から大自然の清流へと「手渡す」の御意だらうか。「川下りゆく」といふ結句には、お手元から川の流れの中に泳ぎ出て白く輝くヤマメの、日本海までの長旅を祈るやうに見送られるお気持ちが伝はって来るやうに感じられる。

第六十五回国民体育大会（千葉県）

花や小旗振りて歩める選手らに声援の声高まりて聞こゆ

花や小旗を振りながら入場行進する各県選手団に声援の声があがる。声援に応へて選手達はさらに花や小旗を高く振る、それを見て声援の声は一層高まっていく。その情景、一体感に感動された御製と拝する。

鴨川市の「大山千枚田」に行かれた二日前の九月二十五日、千葉市・千葉マリンスタジアムでの第六十五回国民体育大会開会式に御臨席の折の御製である。

「声援の声高まりて聞こゆ」とのご表現は、会場で声援を送る人々とともにご自分の心も高まっていくやうに感じられたそのお喜びのお気持ちを詠まれたものと拝するが、拝誦する私の心も喜びに満たされる。

皇后陛下御歌

明治神宮鎮座九十年

窓といふ窓を開きて四方《よも》の花見さけ給ひし大御代《おほみよ》の春

実にすがすがしく伸びやかに心が広がっていくやうな御歌である。

明治神宮鎮座九十年祭に当って、明治神宮からの願ひ出に応へられ、献じられたものである。明治天皇の明治四十五年の「花」と題するお歌に「**たかどのの窓てふ窓をあけさせて四方の櫻のさかりをぞみる**」といふのがあって、この御製に、日頃から皇后陛下はお気を留めてをられるのではなからうか。

この御製をご念頭に置かれながら明治天皇をお偲び申し上げて献詠されたものと拝するが、「大御代の春」といふお言葉のなんとすばらしいことか。明治天皇御製とともどもスケールが大きい御歌であると拝するのである。

FIFAワールドカップ南アフリカ大会

ブブゼラの音も懐しかの国に笛鳴る毎《ごと》にたたかひ果てて

FIFA（国際サッカー連盟）ワールドカップが南アフリカ共和国で六月から七月にかけて開催された。それを詠まれた御歌である。

あのけたたましいブブゼラ（南アフリカの民族楽器）の音も今は懐かしく、ホイッスルが鳴る毎に熱戦が終りを告げていったと詠まれてゐる。

皇后陛下ご自身テニスをなさってをられるので試合に臨む者の気持ちも試合後の勝者敗者の心境もご理解なさってをられるものと拝察するが、「たたかひ果てて」といふご表現は独特で潔さが感じられる。この御歌を拝誦してゐると、ブブゼラの音をバックにしてホイッスルで試合が始まり、そして終った会場の情景が自づと浮んでくる。

「はやぶさ」

その帰路に己れを焼きし「はやぶさ」の光輝《かがや》かに明かるかりしと

「己を焼きし」といふ自己犠牲の言葉は強く激しい。六月十三日、小惑星探査機「はやぶさ」の大気圏再突入の様をお知りになって詠まれた御歌である。「はやぶさ」へのみ思ひの深さが感じられる。

天皇陛下はお誕生日に際しての記者会見の中で、「小惑星探査機『はやぶさ』が小惑星『イトカワ』に着陸し、微粒子を持ち帰ったことは誠に喜ばしい今年の快挙でした。一時は行方不明になるなど数々の故障を克服し、ついに地球に帰還しました。行方不明になっても決して諦めず、様々な工夫を重ね、ついに帰還を果たしたことに深い感動を覚えました」とお述べになったが、陛下のご感想そのものが読む者に力を与へて下さる感じがする。

任務を果して奇跡的に帰還した「はやぶさ」を真っ直ぐに受け止められる皇后陛下の御眼差しを感ずる。

【歌会始】　お題「葉」

御製

五十年《いそとせ》の祝ひの年に共に蒔きし白樺の葉に暑き日の射す

「共に蒔きし」のご表現から陛下が皇后様を大事にされてゐるご様子が伝はってくる。

平成二十一年、御成婚五十年のお祝ひの年の立春に、御所の近くの白樺からお採りになった種を皇后様とご一緒にお蒔きになられた。その種から育った白樺の若木の葉に暑い日が射してゐる情景をお歌にされた。

「の」が四回、「に」が三回使はれて一首が密接に繋がってゐる。お蒔きになられた種から育った若木の葉に日が射し、これから日々、育っていくだらうとの期待を込められた御製と拝するのである。

皇后陛下御歌

おほかたの枯葉は枝に残りつつ今日まんさくの花ひとつ咲く

「今日」の言葉が新鮮で皇后様のご感動が感じられる。咲いたばかりのまんさくの花の瑞々しさも伝はってくる。「まんさく」は枯葉を枝に残したまま越冬して早春、黄色、線形の四弁花が咲く。

枯葉が多く残るまんさくの木に咲いた一輪の花を目にされた時の、春の到来近しのお喜びの御歌と拝する次第である。

（『国民同胞』平成二十三年二月号 **須田清文**）

平成二十四年年頭ご発表

御製

東日本大震災の津波の映像を見て

黒き水うねり広がり進み行く仙台平野をいたみつつ見る

東日本大震災の被災者を見舞ひて

大いなるまがのいたみに耐へて生くる人の言葉に心打たるる

東日本大震災後相馬市を訪れて

津波寄すと雄々しくも沖に出でし船もどりきてもやふ姿うれしき

共に喜寿を迎へて

五十《いそ》余年《よとせ》吾《あ》を支へ来し我が妹《いも》も七十七《ななとせなな》の歳迎へたり

仮設住宅の人々を思ひて

被災地に寒き日のまた巡り来ぬ心にかかる仮住まひの人

第六十二回全国植樹祭（和歌山県）

県木のうばめがしの苗植ゑにけり田辺の会場雨は上がりて

第六十六回国民体育大会（山口県）

山口と被災地の火を合はせたる炬火持ちて走者段登り行く

第三十一回全国豊かな海づくり大会（鳥取県）

鳥取の海静かにて集ふ人と平目きじはたの稚魚放しけり

皇后陛下御歌

手紙

「生きてるといいねママお元気ですか」文《ふみ》に項傾《うなかぶ》し幼な児眠る

海

何事もあらざりしごと海のありかの大波は何にてありし

この年の春

草むらに白き十字の花咲きて罪なく人の死にし春逝《ゆ》く

【歌会始】　お題「岸」

御製

津波来《こ》し時の岸辺は如何なりしと見下ろす海は青く静まる

皇后陛下御歌

帰り来るを立ちて待てるに季《とき》のなく岸とふ文字を歳時記に見ず

御製

東日本大震災の津波の映像を見て

黒き水うねり広がり進み行く仙台平野をいたみつつ見る

平成二十三年三月十一日午後二時四十六分に発生したマグニチュード九・〇の巨大地震。その地震が引き起した大津波。その惨状をテレビでご覧になられた折の御製である。「いたむ」は悲しみと嘆きで心に苦痛を覚えること。

津波は、家も船も工場も電柱も人も車も、何もかも呑み込む濁流となって、すべてを押し潰していく。その凄まじいさまをそのままに表現なさってゐる。あの日目にした映像が甦ってくるが、「いたみつつ見る」と詠まれた陛下のご胸中はいかばかりであらうか。

人々の日常の営みの場である仙台平野の真中を津波の「黒き水」が「うねり広がり進み行く」、その恐ろしい光景を「いたみつつ」ご覧になる陛下の御心が伝はってきて胸が痛い。

東日本大震災の被災者を見舞ひて

大いなるまがのいたみに耐へて生くる人の言葉に心打たるる

「まが」は災ひ。「大いなるまが」で大災害となる。東日本大震災によって苦しみや悲しみを味はひながらも、それに耐へて生きてゐる人の言葉に心打たれた、とのお歌である。

東日本大震災（東北地方太平洋沖地震）に関連した天皇皇后両陛下の行幸啓は三月から五月にかけて七週連続となり、避難所では東京武道館・埼玉県加須市を、被災地としては千葉県旭市・茨城県北茨城市・宮城県・岩手県・福島県と広域に及んだ。その後八月と九月にも都内及び千葉県東金市において被災者や被災者の世話に当る人々にお会ひになってゐる。

また、七月下旬に那須の御用邸にお出での際には、途中で被災状況をご視察の後、那須町で福島県からの避難者を見舞はれ、「今はどうしていらっしゃいますか」と陛下はお声をかけられた。国民のことをありのままにお知りになる、「知ろしめす」といふ一筋に連なる歴代天皇のご精神を今上陛下に仰ぎ見るのである。

陛下の「大変でしたね。お体を大事になさって下さいね」といふお言葉は、被災者にどれほど力を与へたことか計りしれない。皇后陛下の「生きていてくれて有難う」とのお言葉にも本当に驚き感動させられた。親しい家族以上の御思ひのこもってゐるお言葉と拝するのである。

お見舞ひやお言葉を賜った人々の感激感謝の声は数多く伝へられてゐる。しかし、陛下に人々が何をお話し申し上げたかはあまり伝へられてゐない。おそらく率直に実情をお話ししたのではなからうか。陛下は、それに耳を傾けられ「心打たるる」と詠まれた。陛下の御心と被災者の真情とが通ひ合ったのである。

東日本大震災後相馬市を訪れて

津波寄すと雄々しくも沖に出でし船もどりきてもやふ姿うれしき

「もやふ」は船と船をつなぎ合はせること。この度の津波で、生業の術ともいふべき船を失った漁業関係者が多くゐたと報じられたが、地震直後直ちに船を沖へ避難させ、そのために船が無事に港に戻ってきたところもあった。五月十一日、福島県相馬市をご訪問になった折、そのことをお聞きになり、港に船が並んでゐる様子をご覧になって「うれしき」と詠まれてゐる。避難のためとはいへ、津波が押し寄せてくるであらう沖に向かって勇敢にも船を出した人、その結果事なく戻ってきて港に「もやふ」船。海に生きる人たちへの深いお心持ちが偲ばれる御製である。

共に喜寿を迎へて

五十余年《いそよとせ》吾《あ》を支へ来し我が妹《いも》も七十七《ななとせなな》の歳迎へたり

前年（平成二十二年）、陛下は喜寿をお迎へになられた。昨年の十月二十日には、皇后陛下が七十七歳のお誕生日を迎へられ、両陛下お揃ひで喜寿となられた。そのことを「共に」と詞書きにされてをられる。まことに喜ばしいことであり、心からお祝ひ申し上げたい。

「吾を支へ来し我が妹」と表現されてゐる皇后様への御思ひは、この度の震災地をご訪問になる両陛下の御様子にも拝されるところである。いつも陛下のお側にあって控へ目に笑みを湛へながら頷かれる皇后陛下のお姿を拝する度に、描き筆の及び難いものであると仰ぐばかりである。

仮設住宅の人々を思ひて

被災地に寒き日のまた巡り来ぬ心にかかる仮住まひの人

この度の大震災での死者は一万五千八百四十四人、行方不明者は三千三百八十一人（一月十九日現在）、余儀なく避難や転居をした者三十三万七千八百十九人（一月十二日現在）である。

三月十一日の震災発生の直後から陛下は被害状況の把握に努められ、皇后陛下は御所内の点検と宮内庁職員や勤労奉仕団の人たちの安全へのご配慮とご指示など、細やかなお心配りをなされた。翌十二日、両陛下は、「犠牲者へのお悔みと被災者へのお見舞い、さらに対策に全力を尽している関係者一同の努力を深く多とするお気持ち」を宮内庁長官を通じて総理大臣に伝達された。従来であれば、かうした際には被災県の知事宛に伝へられるとのことであるが、今回は被害が甚大で広域に及ぶことから県知事に伝達する状況ではないとご判断されたのだといふ。十三日から、両陛下は自主的に御所内の節電を実行され、十六日夕刻、陛下はテレビを通して全国民に向けて「お言葉」を発せられた。『国民同胞』四月号にも、その全文が掲載されてゐるが、改めて「お言葉」の最後の一節を左に掲げる。

「被災者のこれからの苦難の日々を、私たち皆が、様々な形で少しでも多く分かち合っていくことが大切であろうと思います。被災した人々が決して希望を捨てることなく、身体を大切に明日からの日々を生き抜いてくれるよう、また、国民一人びとりが、被災した各地域の上にこれからも長く心を寄せ、被災者と共にそれぞれの地域の復興の道のりを見守り続けていくことを心より願っています」

「仮設住宅の人々を思ひて」との詞書きからして、陛下御自ら「お言葉」のままを実践されてゐることが拝される。「寒き日のまた巡り来ぬ」と、仮設住宅で不自由な生活を強ひられてゐる人々に心を寄せられ、「寒き日」を凌ぎ乗りこえて欲しいものだとの深い御心が伝はってくる。「心にかかる仮住まひの人」とは、何と直截なご表現だらうか。粛然たる思ひにさせられる。

第六十二回全国植樹祭（和歌山県）

県木のうばめがしの苗植ゑにけり田辺の会場雨は上がりて

五月二十二日、「緑の神話 今 そして未来へ 紀州木の国から」といふテーマのもと和歌山県田辺市の新庄総合公園で第六十二回全国植樹祭が実施された。両陛下のご到着直前まで強く降ってゐた雨が止み、会場では先づ東日本大震災の犠牲者へ黙禱が捧げられた。両陛下はそれぞれ「森」の字をかたどって三本の植樹と二種類の播種をなされた。

陛下がお歌に詠まれた「ウバメガシ」とは、和歌山県の県木で紀州備長炭の原木である。さらに「ナギ」と「紀州ヒノキ」の苗木を植ゑられた。「ナギ」には、熊野古道の旅人の安全を祈りナギの木に鈴をつけて送ったといふ「鈴木」姓の発祥の故事（海南市、藤白神社）がある。建築用材として強さに優れてゐるのが「紀州ヒノキ」である。皇后陛下は「ヤマザクラ」、「イチヒガシ」、「タブノキ」をお手植ゑされた。

陛下のお手播きの樹種は、世界三大庭園木といはれる「コウヤマキ」と天岩屋戸の前で天宇受売命が踊った時に手にしてゐたと伝へられる「ヲガタマノキ」の二つ。皇后陛下は「クマノミヅキ」と「トガサハラ」であった。両陛下のお手播きにあはせて式典参加者全員が持参の竹筒にアラカシなどの種を播いた。それぞれの場所に持ち帰られ大事に育てられることだらう。

直前までの激しい雨に、準備を重ねてきた人たちや会場に集った人々のことが気掛かりではあったが、雨が止んでくれた、そして「ウバメガシ」の苗を植樹することができたとお詠みになってゐる。「雨は上がりて」の結句に陛下の安堵の念が感じられ、爽やかな気持ちに誘はれるお歌である。

第六十六回国民体育大会（山口県）

山口と被災地の火を合はせたる炬火持ちて走者段登り行く

十月一日から十一日まで、「おいでませ！山口国体」の愛称で山口県下で開催された第六十六回国民体育大会の開会式での御製。

今回の開会式では、開催県山口県内の十九の市や町で採火されたものと、東日本大震災の被災地からのものとが集火され炬火台に灯された。福島県の火は、七月三十一日、福島県富岡町「麓山神社の火祭り」の御神火から、宮城県の火は、八月六日、仙台市青葉区にある仙台藩祖伊達政宗公霊屋・瑞鳳殿本殿の燈明から、岩手県の火は、九月七日、新日本製鐵株式会社釜石製鉄所「高炉の火モニュメント」から、それぞれ採火された。これらの火が山口市の維新百年公園陸上競技場での開会式で山口県下のものと一つになり、その炬火を掲げて男女二人の走者は炬火台へと階段を登って行く。

各都道府県からの選手団四千八百人が行進した開会式に臨まれた陛下は、この炬火のやうに被災地の人々と他の国民が心ひとつに解け合ひ、復興の道のりも炬火が階段を登って行くやうに順調であって欲しいものだと、御心を被災地に馳せられてゐるやうに感じられるのである。

第三十一回全国豊かな海づくり大会（鳥取県）

鳥取の海静かにて集ふ人と平目きじはたの稚魚放しけり

十月三十日、両陛下は、鳥取市とりぎん文化会館で行はれた第三十一回全国豊かな海づくり大会式典行事にご臨席になり、その後鳥取港西浜地区で海上歓迎・放流行事に臨まれた。大会のテーマは「つくろうよ　みんなが笑顔に　なれる海」。両陛下は県魚ヒラメおよびキジハタの稚魚をご放流されたが、その時の御製。ご放流の後、漁業後継者にヤマトシジミ、アラメ、クロメ、クロアハビ、バイのお手渡しが行はれた。「鳥取の海静かにて」のお言葉が胸にしみる。

皇后陛下御歌

手紙

「生きてるといいねママお元気ですか」文《ふみ》に項傾《うなかぶ》し幼な児眠る

「生きてるといいねママお元気ですか」とは、大震災の津波で両親と妹を失った四歳の少女の母親に宛てた手紙である。「項傾《うなかぶ》し」はうなじを垂れて傾けること。皇后陛下は新聞紙上で手紙の上にうつぶして寝入ってゐる少女の写真をご覧になって詠まれた。

大人でさへ思ひもよらない現実に苦しみ戸惑ってゐるのに、この幼な児はどう受け止めてゐるのであらうか。御歌から皇后陛下のこの幼な児のすべてを包み込むやうな無限の愛情が感じられる。四歳では両親を亡くした意味も分るまい。これから先の人生を思ひ遣ると言葉もない。じっと、ずっと、皇后陛下は見守られていかれるのであらう。

海

何事もあらざりしごと海のありかの大波は何にてありし

被災地へのお見舞ひの際に、穏やかな波静かな海を御覧になって詠まれた。あの甚大な被害をもたらした津波は何であったのであらうか、と訝しく思はれたお気持ちを詠まれてゐる。あの津波さへなかったら、多くの人が苦しむこともなかったであらうにと、この世の不条理を歎かれるてゐるやうにも思はれる。

この年の春

草むらに白き十字の花咲きて罪なく人の死にし春逝《ゆ》く

春から夏にかけて御所のお庭に白い十字の形をしたドクダミの花が咲くといふ。その白い花をご覧になり、大震災に見舞はれた今年の春は常とは異なると御心を痛められたのであらう。「罪なく人の死にし春」、普通に暮らしてゐた人々が死んだ春が「逝く」とお詠みになってゐる。現実の無情が「十字の花」に象徴されてゐるやうに思はれる。

【歌会始】　お題「岸」

御製

津波来《こ》し時の岸辺は如何なりしと見下ろす海は青く静まる

東日本大震災被災地のお見舞ひのため五月六日、岩手県釜石市から宮古市にヘリコプターで移動される際、上空から被災地をご覧になった折の御製。「如何なりし」の一語に陛下の御心が集中してゐるやうに感じられる。

昨年十二月の「天皇陛下お誕生日に際し」と題されたご文章の一節が思ひ起される。「私どもの住む日本は、四方に海を持ち、山や川も多く、風光に恵まれた島国です。一方、我が国はいくつものプレートが重なり合う所に位置し、地震が多く、火山や急峻な山川、日頃は人々に幸を与えてくれる海も、時に荒れ、多大な被害をもたらします。この厳しい現実を認識し、災害時における人々の悲しみを記憶から消すことなく、常に工夫と訓練を重ね、将来起こるべきことに備えていかなければならないと思います」

大津波が呑み込んだ岸は「如何なりし」とご覧になる陛下の御まなざしは峻厳であり、「見下ろす海は青く静まる」との結びは、逆に海に秘められてゐる恐ろしい力を暗示されてゐるやうに思はれる。

皇后陛下御歌

帰り来るを立ちて待てるに季《とき》のなく岸とふ文字を歳時記に見ず

お題の「岸」は歳時記に見当たらず季語ではない。思へば、帰るべき人を岸辺で待つ人に春夏秋冬の季節の別があらうはずもない。津波による行方不明者の帰りを待つ家族の身の上に御心を馳せられたお歌と思はれる。

（『国民同胞』平成二十四年二月号　須田清文）

平成二十五年年頭ご発表

御製

心臓手術のため入院

手術せし我が身を案じ記帳せるあまたの人の心うれしき

仙台市仮設住宅を見舞ふ

禍《まが》受けて仮設住居に住む人の冬の厳しさいかにとぞ思ふ

即位六十年に当たり英国の君に招かれて

若き日に外国《とつくに》の人らと交はりし戴冠式をなつかしみ思ふ

沖縄県訪問

弾を避けあだんの陰にかくれしとふ戦《いくさ》の日々思ひ島の道行く

明治天皇崩御百年に当たり

様々の新しきこと始まりし明治の世しのび陵《みささぎ》に詣づ

第六十三回全国植樹祭（山口県）

海近き開拓地なるきらら浜に県木あかまつを人らと植うる

第六十七回国民体育大会（岐阜県）

小旗振りて通りて行ける選手らの笑顔うれしく手を振り返す

第三十二回全国豊かな海づくり大会（沖縄県）

ちゅら《チュラ》海《ウミ》よ《ユ》願《ニガ》て《ティ》糸満《イチュマン》の《ヌ》海《ウミ》に《ニ》みーばい《ミーバイ》と《トゥ》たまん《タマン》小魚《クイユ》放《ハナ》ち《チ》

※琉歌

皇后陛下御歌

復興

今ひとたび立ちあがりゆく村むらよ失《う》せたるものの面影の上《へ》に

着袴の儀

幼な児は何おもふらむ目見《まみ》澄みて盤上《ばんじやう》に立ち姿を正す

旅先にて

工場の門《かど》の柱も対《つい》をなすシーサーを置きてここは沖縄《ウチナー》

【歌会始】　お題「立」

御製

万座毛《まんざもう》に昔をしのび巡り行けば彼方恩納《あがたおんな》岳さやに立ちたり

皇后陛下御歌

天地《あめつち》にきざし来たれるものありて君が春野に立たす日近し

天皇皇后両陛下には、お健やかに新春をお迎へになられたことを国民の一人として心からお慶び申上げたい。特に昨年二月に、陛下は御心臓の手術をお受けになられただけに喜びも一入である。陛下は、今年満八十歳をお迎へになる。陛下の末永いご健勝を切に祈念するものである。

元首が詩で国民にメッセージを伝へるのは日本だけであらうとしみじみとした喜びのなかに拙い感想を申し述べさせていただく。

御製

心臓手術のため入院

手術せし我が身を案じ記帳せるあまたの人の心うれしき

陛下は、昨年二月十八日に冠動脈バイパス手術を受けられ、三月四日にご退院になられた。ご入院からご退院までの間多くの国民が記帳によりお見舞ひ申し上げたが、この御製には国民への感謝の御気持ちが詠まれてゐる。二月十一日、冠動脈検査の為に東京大学医学部付属病院にて診察を受けられ、その結果、冠動脈の狭窄にやや進行してゐる部分が発見され、十八日に手術を受けられる旨、翌十二日に宮内庁から発表された。この発表を聞き、日本国中、深い憂ひにつつまれ、多くの国民が朝夕に手術の成功を神仏に祈った。十七日にご入院、翌十八日、東京大学医学部付属病院心臓外科と順天堂大学附属病院心臓血管外科の合同チームにより、午前十一時から午後三時までの約四時間かけて手術は順調に行はれた。手術からご退院までの間、皇居、京都事務所、陵墓管区事務所、御料牧場などで合せて九万七千八百九十九人がお見舞ひの記帳をした。

陛下は記帳した一人一人の名前を自らご覧になられるといふ。三句目の「記帳せる」の「せる」は動詞「す」の未然形「せ」に動作の完了を表す助動詞「り」が加はった「せり」の連体形で、前半と後半をつないでゐて一首全体に切れ目がない。初句と二句で「手術せし我が身を案じ」と端的に述べられ、四句と結句で「あまたの人の心うれしき」と率直な感謝の言葉で結ばれてゐる。平易な言葉を連ねた五七五七七のよどみないしらべに国民への感謝の念が余すところなく表現されてゐる。

神話の時代から今に至るまで、この真心のこもった歌の調べは歴代の天皇方に受け継がれて来てゐる。歴代天皇の御心を知らずして日本の文化伝統は語れない。西欧文化を尊重するあまり日本の美しい文化をないがしろにする風潮のはびこる世にあって、皇室には美しい日本の文化が脈々と受け継がれてゐるのである。

ご退院三日後の三月七日には宮内庁病院で胸水を抜く治療もお受けになり、未だ万全の御体調ではないにもかかはらず、陛下はご自身の強いご意向により、三月十一日午後、国立劇場にて催された東日本大震災一周年追悼式へ行幸啓遊ばされた。その折のお言葉の中で「被災地の今後の復興の道のりには多くの困難があることと予想されます。国民皆が被災者に心を寄せ、被災地の状況が改善されていくようたゆみなく努力を続けていくよう期待しています」と述べられた。

このお言葉は十二月の天皇誕生日の際にも今年正月の宮中参賀の折にも述べられた。困難に遭遇してゐる国民と常に共にあらうとなされる陛下のお姿を拝し、被災者のみならず全国民が深い感銘を覚える。

仙台市仮設住宅を見舞ふ

禍《まが》受けて仮設住居に住む人の冬の厳しさいかにとぞ思ふ

両陛下は第十四回国際コロイド界面会議にご臨席のため昨年五月十二日に宮城県への行幸啓され、翌十三日、仙台市若林区の七郷市民センターで奥山仙台市長から被災状況などをお聴きになったあと、仮設住宅に住む被災者をお見舞ひになり励まされた。その折の御製である。テレビで拝見する被災者に語りかけられる御姿には真心があふれてゐて気高い御姿は何人も及ばぬものである。

「禍受けて」の「禍」は災害のこと。冬の寒さが特に厳しい東北地方で、大震災により身寄りを失ひ、住居を流され、仮設住宅に住む人たちにとって冬の厳しい日々はいかばかりであらうかと親身になって思ひやられる深いお気持ちが伝はってくる。結句の「いかにとぞ思ふ」は八音の字余りであるが、「ぞ」に陛下の御気持ちの深さが込められてゐて、字余りを感じさせない。また「仮設住宅」よりも「仮設住居」の方がよどみない調べになるばかりでなく、やさしいお気持ちが感じられる。

一昨年年末にお詠みになられた御製「被災地に寒き日のまた巡り来ぬ心にかかる仮住まひの人」と合せて拝誦したい。

即位六十年に当たり英国の君に招かれて

若き日に外国《とつくに》の人らと交はりし戴冠式をなつかしみ思ふ

両陛下は五月十六日から二十日、エリザベス二世女王御即位六十年に際しての午餐会のため、英国をご訪問になられた。その折の御製である。陛下は、若き日、即ち平和条約発効の翌年、昭和二十八年（一九五三）、御年二十歳の時に、昭和天皇のご名代としてエリザベス女王の戴冠式に参列され、欧米諸国を歴訪された。大東亜戦争で、日本は敢然と起って東亜を植民地としてゐた欧米諸国と戦った。その怨恨が強く残ってゐた時代である。戴冠式で各国の元首・王族の方々等と交歓されたことを、陛下は懐かしく思ひ出してをられるのである。「なつかしみ思ふ」に万感の思ひが込められてゐて字余りを感じさせない。

午餐会は五月十八日にウィンザー城で行はれ、二十数ヶ国の王族などが一堂に会されたが、その中で、六十年前の戴冠式にも参列されてゐたのは、陛下とベルギー国王アルベール二世のお二人だけであった。五月十九日には日本大使公邸で在留邦人代表とお会ひになり「ほぼ六十年前英国の対日感情が決して良好とは言えなかった時代に昭和天皇の名代として戴冠式に参列した私には、今日の日英間に結ばれて来た強い絆に深い感慨を覚えます」とお述べになってゐる。

複雑に揺れ動く国際情勢の中に、長きにわたり、国の安泰を常に願はれ、国際親善におつとめになる陛下のお立場と御心労をあらためて偲びまつるのである。

沖縄県訪問

弾を避けあだんの陰にかくれしとふ戦《いくさ》の日々思ひ島の道行く

沖縄県の祖国復帰四十周年に当る昨年、全国豊かな海づくり大会御臨席のため、十一月十七日から二十日まで、両陛下は沖縄県へ行幸啓遊ばされた。この度も、先づ糸満市の平和祈念公園にある国立沖縄戦没者墓苑を参拝された。その折の御製である。両陛下の沖縄行幸啓は今回で四回目、皇太子時代も含めると九回目である。

大東亜戦争で、多くの住民を巻こんだ沖縄戦は昭和二十年三月末から六月二十三日まで続いた。沖縄戦での日本軍将兵戦死者は六万五千余、県民の死者は四分の一に当る十万人を超える。参拝を終へられた後であらうか。陛下の御目にとまった「あだん」の木の陰に、雨あられと降り注ぐ銃弾を避けて隠れる、人々の姿がありありと浮んでゐる。事実を事実としてしっかりご覧になってゐて、決してお忘れにならない。

平成五年の「沖縄平和祈念堂前」と題する御製「激しかりし戦場《いくさば》の跡眺むれば平らけき海その果てに見ゆ」および平成七年の「平和の礎」と題する御製「沖縄のいくさに失せし人の名をあまねく刻み碑は並《な》み立てり」を合せて拝誦したい。

様々の新しきこと始まりし明治の世しのび陵《みささぎ》に詣づ

明治天皇崩御百年に当たり

昨年は明治天皇崩御（明治四十五年七月三十日）後百年目の年であったが、両陛下には、十二月四日、京都に行幸啓され、明治天皇山陵及び昭憲皇太后山陵に御参拝になられた。その折の御歌である。これに先立ち、両陛下は七月十八日に明治神宮に御参拝遊ばされてゐる。維新で開国した日本は、明治天皇といふ偉大な指導者のもとに、西欧文化を積極的に取り入れることにより近代化をはかった。それによって、活気あふれる明治の文化は生み出されたが、その過程でそれまでの日本にはなかったさまざまの事柄が始ったのである。その明治時代に思ひを馳せながら明治天皇山陵に御親拝遊ばされた時のお歌である。陛下の御胸に何が去来したのだらうか。

不幸なことに日本は西欧文化を未だに消化しきれてゐない。明治天皇が明治四十二年に「国」と題して御詠みになった御製「よきをとりあしきをすてて外国におとらぬくにとなすよしもがな」と御懸念になったごとく、日本の文化・伝統は軽視され、カタカナ文字が氾濫し、美しい日本語は消え去らうとしてゐる。皇室に関して全く敬語を使はない新聞やテレビによって、豊かな日本文化は失はれつつある。混迷を深めてゆく世を、陛下はどのやうなお気持ちで見つめてをられるのであらうか。国民の一人として、まことに申し訳ない気持ちで一杯である。

第六十三回全国植樹祭（山口県）

海近き開拓地なるきらら浜に県木あかまつを人らと植うる

第六十三回全国植樹祭は、天皇皇后両陛下の御臨席を得て昨年五月二十七日、山口県山口市阿知須にある都市公園・山口きらら博記念公園スポーツ広場で行はれた。その折の御製である。約一万二千六百人が参加して行はれた干拓地きららの浜での植樹祭は快晴に恵まれ、天皇陛下は赤松、楠木、椎木を、皇后陛下は黒松、藪椿、夏蜜柑をそれぞれお植ゑになった。また、天皇陛下には檜、イチヒ樫の種を、皇后陛下には杉、いろは紅葉の種をそれぞれお播きになった。緑豊かな国土を念願されるお気持ちが伝はってくる御製である。

第六十七回国民体育大会（岐阜県）

小旗振りて通りて行ける選手らの笑顔うれしく手を振り返す

両陛下ご臨席のもと、第六十七回国民体育大会は九月二十九日、岐阜市の岐阜メモリアルセンター長良川競技場で開かれた。両陛下は、開会式で四十七都道府県の各選手団が入場して、日の丸の小旗を振りながら両陛下の御前を行進するのをご覧になり、御手を振りお応へになった。その微笑ましいお姿が浮んで来る。平成の御代を担ふ若人達にお寄せになるご期待のほどが偲ばれる御製である。

第三十二回全国豊かな海づくり大会（沖縄県）

ちゅら《チュラ》海《ウミ》よ《ユ》願て《ニガティ》 糸満《イチュマン》の《ヌ》海《ウミ》に《ニ》みーばい《ミーバイ》と《トゥ》たまん《タマン》小魚《クイユ》放ち《ハナチ》

天皇皇后両陛下は、昨年十一月十八日に沖縄県糸満市に於いて開催された第三十二回全国豊かな海づくり大会に御臨席になられた。その折の琉歌による御製である。琉歌は八・八・八・六の三十音の四句からなってゐる。

「ちゅら海」は美しい海。「みーばい」と「たまん」はいづれも沖縄産の魚の名前。「小魚」は稚魚のことで「クイユ」と発音する。「放ち」は放流した。美しい海を念願しつつ、糸満の海に「ミーバイ」と「タマン」の稚魚を放流した、といふ意味である。

平成五年に沖縄県で開かれた第四十四回全国植樹祭の折の御製「弥勒世《ミルクユ》よ《ユ》願て《ニガティ》揃りたる《スリタル》人たと《フィトゥタトゥ》戦場《イクサバ》の《ヌ》跡《アトゥ》に《ニ》松《マツィ》よ《ユ》植ゑたん《ウィタン》」―平安の世を念願しつつ、沖縄の人と一緒に、沖縄のかつての戦場の跡地に万感の思ひで琉球松を植ゑた―と併せて拝誦したい。美しく資源豊かな海と緑豊かな山を念願される陛下のお気持ちが偲ばれる。

皇后陛下御歌

復興

今ひとたび立ちあがりゆく村むらよ失《う》せたるものの面影の上《へ》に

天皇皇后両陛下は一昨年に引き続き昨年も宮城県、長野県、福島県の被災地を御訪問になり、東日本大震災等の被災者をお見舞ひになった。その折の御歌である。津波によって多くの人命、家々、街並み、周囲の自然等が喪失してしまった。かつての面影を拠り所として今一度復興に立ち上がらうとしてゐる村々の姿を活き活きと詠まれてゐる。天皇陛下と五十余年にわたり苦楽を共になさってゐる皇后陛下ならではの真心のこもった御歌である。

着袴の儀

幼な児は何おもふらむ目見《まみ》澄みて盤上《ばんじやう》に立ち姿を正す

一昨年の十一月三日、赤坂東庭において、九月六日に五歳になられた悠仁親王殿下がはじめて袴を身に着けられる「着袴《ちやっこ》の儀」が行はれ、引き続き、耳ぎはの髪を削《そ》ぎ（曽木《そぎ》）整へて、碁盤から飛び降りる「深曽木《ふかそぎ》の儀」が行はれた。儀式の中で碁盤の上に立ち、しっかりと姿勢を正された悠仁親王殿下のお姿をお詠みになった御歌である。

旅先にて

工場の門《かど》の柱も対《つい》をなすシーサーを置きてここは沖縄《ウチナー》

昨年十一月の沖縄県行幸啓の際、近代的な工場の両方の門柱の上にシーサー（沖縄の普通の伝統的家屋に取り付けられてゐる魔除けの焼物の唐獅子）が置かれてゐるのをご覧になり、お詠みになった御歌。沖縄の地であることを実感されつつ、微笑まれる御姿が目に浮んで来る。

【歌会始】　お題「立」

御製

万座毛《まんざもう》に昔をしのび巡り行けば彼方《あがた》恩納《おんな》岳さやに立ちたり

昨年十一月の沖縄への行幸啓で初めて恩納村の万座毛をご訪問された折の御製である。万座毛は沖縄県国頭郡恩納村にある景勝地で、東シナ海に面した海岸の絶壁に、象の鼻の形の岩が付いてゐるのが特徴。「毛」は原を意味し、「万座毛」とは一万人が座れる広い野原の意である。万座毛を歩まれながら彼方（琉球の古語で「あがた」）に、「さやに」清くくっきりと立つ恩納岳をご覧になり、昔を偲ばれた御製である。「恩納岳の向うに恋人の住む村がある。あの山を押しのけて、こちら側に引き寄せたいものだ」といふ意味の琉歌を承けての御製であると拝察される。

陛下は沖縄の歴史や文学をよく研究されてゐて、沖縄の古代歌謡である「おもろ」にもご造詣が深く、三百首に上る琉歌をお詠みになってゐるとのことである。

皇后陛下御歌

天地《あめつち》にきざし来たれるものありて君が春野に立たす日近し

昨年二月に天皇陛下は、御心臓の手術を四時間に亙って受けられた。皇后陛下の御心労はいかばかりであられたらう。御回復を願ってお過しになってゐるある日、長く厳しき冬が終り春のきざし（気配）の中に天皇陛下が間もなく回復され、春の野にお立ちになるお姿を確信なさったお喜びの御歌である。

（『国民同胞』平成二十五年二月号　澤部壽孫）

平成二十六年年頭ご発表

御製

あんずの里

赤き萼《がく》の反りつつ咲ける白き花のあんず愛でつつ妹と歩みぬ

大山《だいせん》ロイヤルホテルにて

大山を果たてに望む窓近く体かはしつついはつばめ飛ぶ

水俣を訪れて

患ひの元知れずして病みをりし人らの苦しみいかばかりなりし

皇居にて二首

年毎に東京の空暖かく紅葉《もみぢば》赤く暮れに残れり

被災地の冬の暮らしはいかならむ陽《ひ》の暖かき東京にゐて

第六十四回全国植樹祭（鳥取県）

大山の遠くそびゆる会場に人らと集ひて苗植ゑにけり

第六十八回国民体育大会（東京都）

車椅子の人とならびて炬火を持つ人走り行く日暮れの会場

第三十三回全国豊かな海づくり大会（熊本県）

あまたなる人の患ひのもととなりし海にむかひて魚放ちけり

皇后陛下御歌

打ち水

花槐花《はなゑんじゅ》なき枝葉そよぎいで水打ちし庭に風立ち来たる

遠野

何処《いづこ》にか流れのあらむ尋《たづ》ね来し遠野静かに水の音する

演奏会

左手《ゆんで》なるピアノの音色《ねいろ》耳朶《じだ》にありて灯《ひ》ともしそめし町を帰りぬ

【歌会始】　お題「静」

御製

慰霊碑の先に広がる水俣の海青くして静かなりけり

皇后陛下御歌

み遷《うつ》りの近き宮居に仕ふると瞳《ひとみ》静かに娘《こ》は言ひて発《た》つ

穏やかに晴れた元日の朝、新聞に掲載された年頭ご発表の御製五首及び皇后陛下の御歌三首を拝誦することが出来たことは何物にも代へがたい喜びである。

御製を拝誦して、国を一身に背負ひ、ひたすら国と国民の安寧を祈られるお心にふれ、自分の苦しみ、悲しみが溶けていった。自然を愛でられる豊かなお心に我が心は清められ、人の世に生きる喜びが湧いてくる。また、災害や病気に苦しむ人々にお寄せになる慈しみ深いお心には、励まされ人生に立ち向ふ勇気が湧いて来る。日本人として生れ、今生きてゐる幸を思はずにはゐられない。御製をしみじみと味はひ、お心の一端でも理解しようと努めることは国民の踏むべき道であると思ひ、拙い感想を述べさせていただくものである。

御製

あんずの里

赤き萼《がく》の反りつつ咲ける白き花のあんず愛でつつ妹と歩みぬ

天皇皇后両陛下は、四月十五日～十六日に御静養のため長野県をご訪問になった。これまでの御静養は、御用邸で過されることが多かったが、「特定の季節・地域でしか見られない風景などをゆっくり楽しむ旅行をしていただきたい」（宮内庁）との趣旨で、両陛下のご希望

あんずの里スケッチパークをご訪問になる天皇皇后両陛下（写真提供：千曲市）

に沿って今回のご訪問が決められたといふ。江戸時代からあんずの里として有名な千曲市にお入りになった両陛下は、「あんずの里スケッチパーク」をご訪問になった。

この歌を読んで清らかな澄みきった心を感じない人はゐないであらう。

「萼」とは花の最も外側に生ずる器官で、葉の変形したものであり、蕾を守る役目をする。一般には緑色である。植物図鑑を開いて初めて知ったことだが、あんずの萼の色は赤である。赤色の萼が反り返るやうにして白い花びらをつつんで咲いてゐるのを、透き通る御眼差しで細部までご覧になり、それをお心に留められ、お詠みになった。

両陛下が、一面に咲いてゐる真白いあんん

ずの花の美しさに感嘆されながら、歩まれてゐるお姿が目に浮ぶ。ご多忙な日々をお過しになるなかのつかの間の御安らぎであらうと思はれ、ほっとさせられる御歌である。

自然であれ、人であれ、歌を詠む対象物をじっと見つめて、感じたありのままを正確に表現するのは実に難しいことである。開花中のあんずの花をこれ程細やかに正確に見て、美しい日本語で表現することは誰にでも出来ることではない。

「反りつつ咲ける」の「つつ」には、一瞬も止まることのない大自然の営みに溶け込んでをられるお姿が感じられ、「愛でつつ」の「つつ」には、その自然を慈しんでをられる御心が息づいてゐるやうである。

この御歌は六七六七七の三十三音となってゐる。一句めの「赤き萼の」と三句めの「白き花の」は字余りである。しかし声に出して読めばよく分ることだが、「赤き萼の」の「の」及び「白き花の」の「の」を省いて、「赤き萼反りつつ咲ける白き花あんず愛でつつ妹と歩みぬ」とすれば五七五七七の定型音にはなるが、「萼」と「花」で歌が途切れてしまひ、一首三文となり、全体を流れるやうには歌へない。文字がない時代から音で意志の疎通を行って来た私達の祖先は音調を大切にして歌を詠んで来た。

陛下はこの道を歩んでをられると畏くも拝察する。

大山《だいせん》ロイヤルホテルにて

大山を果たてに望む窓近く体かはしつついはつばめ飛ぶ

天皇皇后両陛下は、鳥取県で開催された第六十四回全国植樹祭への御臨席および地方事情御聴取のため昨年五月二十五日から二十七日まで鳥取県に行幸啓になった。二十六日、米子市伯耆町の大山ロイヤルホテルで、第六十四回全国植樹祭レセプションに臨まれたが、その折の御歌である。

「大山」は、鳥取県にある標高一七二九メートルの火山で独立峰でもある。鳥取県西部の旧国名・伯耆国の名称を冠して伯耆大山、また角盤山とも呼ばれる。古来より日本四大名山に数へられてゐて、日本百名山の一つである。

「イハツバメ」はわれわれが普段目にするツバメより翼や尾が短く、腰が白い。全長は約十四センチで九州以北の山地や市街地に飛来するが、九州では越冬するものもゐる。観光地のホテル、町のビル、橋の下などに巣をつくり、集団で繁殖する。ジュルッ、チュビッなどと濁った声でさへづり、飛びながら、濁った声を交へて、複雑に早口で長く続ける、と野鳥写真図鑑には記されてゐる。陛下は鳥類にもお詳しいのである。

陛下の御眼差しは、「果たて」（視界の果て）に聳ゆる大山から「窓近く」へと移り、さらには小鳥（いはつばめ）に注がれる。最後は「いはつばめ」の一瞬の素早い動きを御心に留められ、それを「体かはしつつ」とお詠みになった。

昭和天皇が占領時代の昭和二十四年に長崎県の雲仙岳でお詠みになった「高原にみやまきりしま美しくむらがりさきて小鳥とぶなり」のお歌と合せて拝誦したい。短歌を詠むことによって心を養ってきた私達の祖先の伝統は皇室に着実に引き継がれてゐるのである。

水俣を訪れて

患ひの元知れずして病みをりし人らの苦しみいかばかりなりし

天皇皇后両陛下は、熊本県で開催された「第三十三回全国豊かな海づくり大会」への御臨席、併せて地方事情御視察のため、十月二十六日から二十八日まで熊本県に行幸啓になった。十月二十七日、水俣市の「水俣病犠牲者慰霊の碑」に御供花になり、水俣病資料館で語り部の話に耳を傾けられた。

水俣病は、地元の化学工業会社が水俣湾に流した廃液を体内に取り込んだ魚介類を食した人々が患った病気であり、世界的にも「ミナマタ」の名で知られ、水銀汚染による公害病の恐ろしさを世に知らしめた。昭和三十一年に熊本県水俣市で発生が確認されたので、水俣病と呼ばれるが、水銀中毒であることは確かであったが、その原因物質は容易に確定されなかった。メチル水銀化合物と公式に断定されたのは、昭和四十三年九月であった。

水俣病はメチル水銀による中毒性中枢神経疾患であり、その主要な症状としては、四肢末端優位の感覚障害、運動失調、求心性視野狭窄、聴力障害、平衡機能障害、言語障害、振戦（手足の震へ）等がある。水俣病患者は二万～三万人とも推定されるが、患者の多くは、他人にこの病気を知られることを恐れて水俣病であることを隠して来た。水俣病と公的に認定された患者数は二千六百余人に過ぎない。水俣病の名を付与されてゐる地域は、水俣市周辺と新潟県阿賀野川流域だけである。

平易なお言葉で詠まれてゐるが、御歌に込められてゐる御悲しみと患者の苦しみにお寄せになるお心は余りにも深い。十二年経って病気の原因は判明したが、その間原因が分らないまま病気を患った人々の苦しみを「いかばかりなりし（いかばかりであったらう）」とお詠みになった悲痛なお言葉に胸をゑぐられる思ひがする。国民の苦しみは天皇陛下の御苦しみでもある。

皇居にて二首

年毎に東京の空暖かく紅葉《もみぢば》赤く暮れに残れり

年を経る度に暖かくなり、いつもは年の暮れには散ってゐる紅葉が赤色のまま今年は残ってゐる。下の句は美しさの中に寂しさが感じられるが、上の句の「年毎に東京の空暖かく」には年々暖かくなる東京の空に、大自然の営みの歯車の狂ひを、ご案じになるお心が感じられはっとさせられる。「一葉落ちて天下の秋を知る」といふが、陛下の御眼差しは東京の空から世界へと向けられ、さらには宇宙を見据ゑてをられるやうである。朝夕に国と国民の安寧を神にお祈りになってゐるまさに陛下ならではの御歌と畏くも拝察する。

被災地の冬の暮らしはいかならむ陽《ひ》の暖かき東京にゐて

昨年の暮れに北海道や東北地方、日本海に面した地域は大雪に見舞はれたが、東京周辺には雪が降らなかった。陛下は、暖かい東京から被災地をお偲びになり、厳しい冬に遭遇してゐる被災者達はどのやうに暮してゐるのであらうかと案じられる。

「被災地の冬の暮らしはいかならむ」と端的な御表現に慈しみ深い陛下のお心がこもってゐて、「陽の暖かき東京にゐて」との結びの句に誠実なお人柄が余すところなく表現されてゐる。

三年前の三月十一日に発生した東日本大震災の五日後に、右往左往して何も対策を講じ得なかった政府に代って、陛下は異例のメッセージをテレビにて国民にお伝へになり、被災者を励まされ、国民に被災者への支援を訴へられた。爾来、幾たびも被災地をご訪問になり、折あるごとに、被災者を励まし続けて来てをられる。

平成二十五年年頭ご発表のお歌（仙台市仮設住宅を見舞ふ）「禍《まが》受けて仮設住居に住む人の冬の厳しさいかにとぞ思ふ」及び平成二十四年年頭ご発表のお歌（仮設住宅の人々を思ひて）「被災地に寒き日のまた巡り来ぬ心にかかる仮住まひの人」と合せて拝誦したい。

第六十四回全国植樹祭（鳥取県）

大山の遠くそびゆる会場に人らと集ひて苗植ゑにけり

天皇皇后両陛下ご臨席のもと、テーマを「感じよう森のめぐみと緑の豊かさ」とした第六十四回全国植樹祭は、五月二十六日に米子市南部町の「とっとり花回廊」で約四千八百九十人が参加して行はれた。快晴に恵まれた青空のもと、天皇陛下は「赤松」、「スダジヒ」、「小楢」を、皇后陛下は「山法師」、「上溝桜」、「朴木」をそれぞれお手植ゑになった。また、天皇陛下には「山桜」と「栗」の種を、皇后陛下には「いろはもみぢ」と「山柿」の種をそれぞれお手蒔きになった。

御歌の上の句三句には、大山を仰ぐ米子の豊かな自然への礼賛のお気持ちをお詠みになり、下の句二句には米子の人々と共に植樹をなさったお喜びを、「苗植ゑにけり」と活き活きと詠みあげられた。

因みに全国植樹祭は、戦後の復興に向けた国土緑化事業の振興を目指し、昭和二十五年から行はれてゐる。

第六十八回国民体育大会（東京都）

車椅子の人とならびて炬火を持つ人走り行く日暮れの会場

天皇皇后両陛下ご臨席のもと、第六十八回国民体育大会の総合開会式は九月二十八日、調布市の味の素スタジアムで行はれた。

陛下は、例年、御前を日の丸の小旗を振りながら行進して行く四十七都道府県の各選手団に、御手を振りながら、お応へになる。その折のお歌である。

車椅子を駆る若者と炬火を持つ若者が日暮れの会場を並走しながら目の前を通り過ぎて行くのをご覧になってお詠みになった。並走する二人の若者に揺るぎない信頼を寄せられ、未来を託されるお心を拝しまつるのである。

第三十三回全国豊かな海づくり大会（熊本県）

あまたなる人の患ひのもととなりし海にむかひて魚放ちけり

天皇皇后両陛下は、熊本県立劇場で開かれた第三十三回全国豊かな海づくり大会の式典に臨まれた。今大会は「育もう　生命かがやく　故郷の海」を主題とし、全国から約千百人が出席した。両陛下から地元の漁業関係者に、ノリ、クルマエビ、マダヒ、ヒラメが手渡された。多くの人々の病気のもととなった水俣湾は環境庁の調査によって安全が確認され、現在では漁が行はれてゐる。水俣市の「エコパーク水俣」で放流行事が行はれ、ヒラメ、カサゴの稚魚を御放流になった折の御歌である。

「多くの人々に不治の病ひをもたらした水俣の海、その海に向って、稚魚を放流したことよ」の意。「魚放ちけり」との結句に陛下の万感の御思ひが込められてゐる。

尚、全国植樹祭、国民体育大会および全国豊かな海づくり大会の御製は、毎年主催した都道府県庁宛に終了した後に伝達されてゐる。

皇后陛下御歌

天皇陛下に寄り添ひ五十五年の長きにわたり喜びも悲しみも共になさってゐる皇后陛下ならではのおやさしいお心が美しく歌はれてゐる。

打ち水

花槐《はなゑんじゆ》花なき枝葉そよぎいで水打ちし庭に風立ち来たる

花槐は春に花を咲かせる木であるが、御所のお庭にも植ゑられてゐるといふ。「猛暑の続く夏の日に突然涼しい風がそよぎ、花の散り終った花槐の枝葉を揺らせながら、打ち水をした庭を渡って行った」の意。

遠野

何処《いづこ》にか流れのあらむ尋《たづ》ね来し遠野静かに水の音する

両陛下は昨年七月に東日本大震災に伴ふ被災地御見舞ひのため岩手県の遠野市、大船渡市、陸前高田市をご訪問になった。七月四日、遠野市にお入りになった両陛下は、復興状況等を御聴取になり、続いて応急仮設住宅をお見舞ひになった。その折のお歌である。

「尋ねて来た遠野の静けさのなかにかすかに水の流れる音が聞えてくる、何処か近くに川が流れてゐる」の意。

演奏会

左手《ゆんで》なるピアノの音色耳朶《ねいろじだ》にありて灯《ひ》ともしそめし町を帰りぬ

皇后陛下は十一月十日、東京・新宿区で、脳出血で右半身の自由がきかなくなって以来「左手のピアニスト」として知られる舘野泉氏（七十七歳）の演奏会を鑑賞された。その折の御歌である。

「左手のみで演奏された美しいピアノの音色、耳朶に残ってゐるその音色にひたりながら、帰路についてゐるとくれなづむ街には灯がともり始めてゐる」の意。

【歌会始】　お題「静」

歌会始における天皇陛下の些かのみじろぎもない威厳のある御姿勢と厳しい御顔をテレビ中継で拝し、短歌に真摯に向き合ってをられる御日常を垣間見る気がした。

御製

慰霊碑の先に広がる水俣の海青くして静かなりけり

天皇皇后両陛下は、昨年十月二十七日に「第三十三回全国豊かな海づくり大会～くまもと～」への御臨席の後、水俣市を初めて御訪問になり、「水俣病慰霊の碑」に白菊を手向けられた。「水俣病慰霊の碑」には昨年五月一日現在で三百七十五名のお名前が納められてゐる。「慰霊碑の先には、水俣の青々とした海が、何事もなかったかのやうに静かに広がってゐる」の意である。翌日の熊本の地元紙の報道によれば、予定にはなかったが、陛下の強い御要望で、水俣病の患者たちと懇談され、患者の多くが他人に知られるのを恐れて病気を隠してきた実態等をお聞きになったといふ。

天皇陛下は、以下のやうな異例の長い感想をお述べになった。

「本当にお気持ち、察するにあまりあると思っています」「様々な思いをこめてこの年まで過していらしたことに深く思いをいたしています」「やはり真実に生きるということができる社会をみんなで作っていきたいものだと改めて思いました。今後の日本が、自分が正しくあることができる社会になっていく、そうなればと思っています。みながその方に向って進んでいけることを願っています」

水俣について、年頭御発表のお歌を一首、全国豊かな海づくり大会で一首、さらに歌会始で一首と三首の御製をお詠みになった、陛下が不治の病ひを患ってゐる人々にどれほどお心を痛めてをられるのであらうかが拝察される。

陛下のお言葉にこめられた真意を正確に理解して、陛下のお心に沿ふべく二度と同じ公害を繰り返さないことが私達国民の務めであると思ふ。

皇后陛下御歌

み遷《うつ》りの近き宮居に仕ふると瞳《ひとみ》静かに娘《こ》は言ひて発《た》つ

二十年に一度、社殿をはじめ神にささげる神宝、装束類のすべてを造り替へ、一新する神宮の式年遷宮は数へて六十二回目で、十月に古式ゆかしく厳修された。十月二日には皇大神宮（内宮）で、五日には豊受大神宮（外宮）で、ご神体を新宮にお遷しする「遷御の儀」が執り行はれた。

この千三百年来の御遷宮に際して、陛下のお姉君、池田厚子祭主に代って、ご長女の黒田清子様が臨時祭主として神職を率ゐて奉仕された。遷御の儀に先立ち、両陛下に、伊勢へ参りますとご挨拶される黒田清子様を皇后陛下は「瞳静かに」とお詠みになり、「言ひて発つ」

とお詠みになった。祭主の重いお務めを担ふべく伊勢へと歩を進める「わが娘」に寄せる皇后陛下のお心は「わが娘」とひとつだったのではなからうか。黒田清子様の澄んだ御眼差しとご挨拶をお聞きになる両陛下のお姿が目に浮んで来る。

尚、ご神体が遷られるのは午後八時で、白い絹垣に囲まれたご神体は闇の中を神職らの手で厳かに新宮へと奉遷された。七世紀末から繰り返されて来た「日本の総氏神」の遷御の儀は事なく終ったのであった。

陛下は皇居の神嘉殿南庭にて「遷御の儀」に合はせ御遥拝になった。

○

執筆に当って目を通した熊本の新聞には全く敬語を使ってゐないものがあって、読むに耐へなかった。高貴なものを意図的に貶めようとする風潮がここまで進んでゐるのかと慄然とさせられた。

（『国民同胞』平成二十六年二月号　**澤部壽孫**）

平成二十七年年頭ご発表

御製

神宮参拝

あまたなる人らの支へ思ひつつ白木の冴ゆる新宮《にひみや》に詣づ

来たる年が原子爆弾による被災より七十年経つを思ひて

爆心地の碑に白菊を供へたり忘れざらめや往《い》にし彼《か》の日を

広島市の被災地を訪れて

いかばかり水流は強くありしならむ木々なぎ倒されし一すぢの道

第六十五回全国植樹祭（新潟県）

十年《ととせ》前地震《なゐ》襲ひたる地を訪ねぶなの苗植う人らと共に

第六十九回国民体育大会（長崎県）

台風の近づきて来る競技場入り来たる選手の姿たのもし

第三十四回全国豊かな海づくり大会（奈良県）

若きあまごと卵もつあゆを放ちけり山間《やまあひ》深き青き湖辺《うみ》に

皇后陛下御歌

ソチ五輪

「己《おの》が日」を持ち得ざりしも数多《あまた》ありてソチ・オリンピック後半に入る

宜仁親王薨去

み歎きはいかありしならむ父宮は皇子《みこ》の御肩《おんかた》に触れましししとふ

学童疎開船対馬丸《つしままる》

我もまた近き齢《よはひ》にありしかば沁《し》みて悲しく対馬丸思ふ

【歌会始】　お題「本」

御製

夕やみのせまる田に入り稔りたる稲の根本に鎌をあてがふ

皇后陛下御歌

来《こ》し方《かた》に本とふ文《ふみ》の林ありてその下陰に幾度《いくど》いこひし

天皇陛下についで、皇后陛下には昨年十月、八十歳になられた。両陛下がお揃ひで八十路《やそぢ》の御齢《よはひ》を重ねられるのは、皇室史上、昭和天皇、香淳皇后に続いての御慶事であり喜ばしい限りである。御高齢にも関らず御公務を果される御姿を、われら国民は日々、畏きことと仰ぎまつるのである。

新年に際して、天皇陛下の恒例の御感想が発表された。そのなかで、「本年は終戦から七十年という節目の年に当たります。多くの人々が亡くなった戦争でした。各戦場で亡くなった人々、広島・長崎の原爆、東京を始めとする各都市の爆撃などにより亡くなった人々の数は誠に多いものでした。この機会に、満州事変に始まるこの戦争の歴史を十分に学び、今後の日本のあり方を考えていくことが、今、極めて大切なことだと思っています」とお述べになった。戦後七十年に当る今年は、われわれが歴史とどのやうに向き合ふべきか、様々な意見が出るものと予想されるが、陛下のお言葉のなかに、基本的な指針は示されてゐると思ふのである。

元日の各紙には、宮内庁が発表した御製三首、御歌三首がすべて掲載されてゐて、拝誦できたことは大いなる喜びであった。以下、拙い感想を申し述べさせていただく。

御製

神宮参拝

あまたなる人らの支へ思ひつつ白木の冴ゆる新宮《にひみや》に詣づ

伊勢の神宮では、平成二十五年十月、第六十二回式年遷宮の中核となる祭儀「遷御の儀」が、皇大神宮（内宮）、豊受大神宮（外宮）に於いて厳かに斎行された。十四ある別宮の遷御も順次行はれ、平成二十七年三月に完遂となる。かつて「皇家第一の重事、神宮無双の大営」とその意義が説かれたやうに、皇室の大祭であると同時に、神宮にとってはその永遠性を物語るふたつとない営みである。二十年ごとに御社殿から御装束・神宝に至るまで全てが一新される御遷宮には、わが国の文化の伝承と、国の窮まりなき弥栄を願ふといふ大きな意味が込められてゐる。

昨年、三月二十五日から二十八日、天皇皇后両陛下は神宮御参拝及び神宮縁《ゆかり》の施設御視察のため三重県を行幸啓になった。今回の御親拝では、平成六年の嘉例に倣《なら》ひ、剣璽《けんじ》の御動座があった。三種の神器のうちの「剣《つるぎ》」（草薙剣《くさなぎ》）と「璽《たま》」（八尺瓊曲玉《やさかにのまがたま》）である。二十五日に伊勢市にお入りになった両陛下は内宮行在所で神宮祭主様のご挨拶を受けられ、神宮大宮司、少宮司に拝謁を賜り、さらに遷宮工事関係者に御会釈を賜った。二十六日、天皇陛下は外宮を御参拝になり、その後、皇后陛下が御参拝になった。内宮の御参拝も同様に行はれた。御製の上の句「あまたなる人らの支へ思ひつつ」は、御遷宮の諸祭儀・行事、御社殿の造営、及び御装束・神宝の調整に携った多くの人びとへの感謝の御気持ちの御深慮と畏くも拝して、君臣一体のわが国柄を思ふばかりである。白石の敷きつめられた新御敷地《しんみしきち》に立つ新しい御正殿、その簡素にして若々しく輝くやうな木づくりの御宮を「白木の冴ゆる」と御表現になった。「冴ゆる」といふ言葉に、少しも濁りがなく純粋で、混じりけのない「新宮」への御思ひが感じられる。匠たちの御社殿造営の技術の粋をも御称賛になってをられるものと拝察されるのである。

爆心地の碑に白菊を供へたり忘れざらめや往《い》にし彼《か》の日を

来たる年が原子爆弾による被災より七十年経つを思ひて

十月十一日、十二日、天皇皇后両陛下は、第六十九回国民体育大会秋季大会及び地方事情御視察のため、長崎県に行幸啓になった。この折、原爆犠牲者の慰霊と被爆者の御慰問を強く望まれて、十一日には平和公園と恵の丘長崎原爆ホームを御訪問になった。「原子爆弾落下中心地碑」前の奉安箱には十六万人以上の犠牲者名簿の写しが納められてゐる。両陛下は、この碑に白菊をお供へになった。

この御製は、詞書に記されたやうに平成二十七年が原子爆弾の被災から七十年の節目に当ることに改めて思ひをいたされ、この原爆による惨禍をもたらした「昭和二十年八月九日」を決して忘れないとの強い御気持をお詠みになったものである。

皇太子殿下でいらっしゃった昭和五十六年八月七日の御会見で、「日本人として忘れてはならない四つの日がある」と発言されてゐる。六月二十三日の「沖縄戦終結の日」、八月六日の「広島原爆投下の日」、八月九日の「長崎原爆投下の日」、八月十五日の「終戦記念日」である。両陛下はこの四つの日を特別な日とされて、戦歿者を初め落命された人達のため終日御慎みになられると漏れ承る。第四句の「忘れざらめや」との強い御表現に、われら国民に、他の三つの日とともにこの日を忘れてはならないと、言外にお示しになってをられると畏くも承《うけたまは》るのである。後記する沖縄県（六月）、広島県（十二月）御訪問と合はせ、陛下の強い慰霊の御意思を拝し奉るのである。

広島市の被災地を訪れて

いかばかり水流は強くありしならむ木々なぎ倒されし一すぢの道

十二月三日、天皇皇后両陛下は、八月の豪雨災害による被災地御見舞ひ等のため広島市を御訪問になった。土砂災害で五十二人が犠牲になった同市安佐南区八木地区の被災現場を御視察。その後に、被災者の人たちをお見舞ひになった。現場では、寒空の下、両陛下はコートもお召しにならず、土石流の爪痕が残る山肌を見つめながら説明に御耳を傾けられ、土石流の上流と下流に向って深々と一礼された。そして、救助・支援活動にあたった関係者にも、労《ねぎら》ひの御言葉をかけられた。

天皇陛下は、御誕生日にちなむ十二月十九日の御会見で、この災害について、「八月には大雨が広島市を襲い、土砂災害によって七十四人が亡くなりました。先日被災地を訪問しましたが、暗闇の中で木がなぎ倒され、大きな石が土砂と共に落下してくる状況を想像するだに恐ろしく、人々の恐怖はいかばかりであったかと思います」と述べてをられる。

御製は、まさにこの被災現場を御視察になった状況をそのままお詠みなったもので、瞬く間に土砂を押し流した水の勢ひを「水流」と詠まれ、そのすさまじさを「一すぢの道」と御表現になった。豊かな水に恵まれたわが国土は、また、水による自然災害とも隣り合はせでもあることを如何なる時も忘れてはならないと諭《さと》してをられるものと拝察される。

翌四日、両陛下は冷たい雨が降る中、広島市の平和記念公園で原爆死没者慰霊碑に白菊をお供へになり、被爆者が入る原爆養護ホームで高齢の入所者をお見舞になった。

第六十五回全国植樹祭（新潟県）

十年《ととせ》前地震《なゐ》襲ひたる地を訪ねぶなの苗植う人らと共に

種をお手播きになる天皇皇后両陛下
（写真提供：新潟県）

五月三十一日から六月二日、天皇皇后両陛下は第六十五回全国植樹祭並びに地方事情御視察のため、新潟県へ行幸啓になった。平成十六年の新潟県中越地震、同十九年の新潟県中越沖地震からの復興を経て、さらなる発展を願ふ大会テーマ「未来へつなぐ森の力～復興から創造へ～」のもと、植樹祭は六月一日、長岡市川口中山地区で行はれた。陛下は「アカマツ」「スギ」の二樹種を御手播きになり、「ブナ」「イタヤカヘデ」「ホホノキ」の三種の苗木をお植ゑになった。皇后陛下の御手播きは「ケヤキ」「タムシバ」であり、「ユキツバキ」「ヤマボウシ」「ウハミズザクラ」を植ゑられた。

この折に、中越地震の被害とその後の復興を伝へる小千谷市の「おぢや震災ミュージアムそなえ館」を御視察になられた。両陛下は中越地震及び中越沖地震の際にも見舞はれ、平成二十年には被害の大きかった旧山古志村（長岡市）を視察されてゐる。

御製は、「十年前の中越地震で大きな被害を受けた現地を訪れ、〝ぶな〟の苗木を地元の人たちと一緒に植ゑたことよ」の意。「なゐ」は地震を表す古語。

かつて日本国中広く分布し、雪の多い日本海側の山地では天然林に近い「ブナ林」が広範囲に広がってゐたが、戦後大規模に伐採され、その後にスギが植ゑられた。「ブナ」の復活の願ひもお含みになりお詠みになられたものと拝察する。

第六十九回国民体育大会（長崎県）

台風の近づきて来る競技場入り来たる選手の姿たのもし

十月十二日、天皇皇后両陛下は、長崎県立総合運動公園陸上競技場（諫早市）で行はれた第六十九回国民体育大会総合開会式に臨まれた。折しも台風十九号が南九州に接近してゐたため、両陛下は県と市町村及び県警察が台風対策に専念できるやうにと、総合開会式後の御日程をお取りやめになり、一日繰り上げて同日御帰京になった。「台風の近づきて来る」ことへのお心遣ひには、いつもながら畏しと思はされるのである。

上の句では、台風が近づく空模様の下で、屋外での開催をご心配なされてをられる御様子と拝察するも、下の句では、その御懸念を振りはらふがごとく、入場して来る選手たちを「たのもし」と御覧になる陛下のまなざしの温かさを拝するのである。

第三十四回全国豊かな海づくり大会（奈良県）

若きあまごと卵もつあゆを放ちけり山間《やまあひ》深き青き湖《うみ》辺に

十一月十五日から十七日、天皇皇后両陛下は、第三十四回全国豊かな海づくり大会及び地方事情御視察のため、奈良県へ行幸啓になった。十六日、大淀町での式典行事の後、川上村のおおたき龍神湖で歓迎行事に御臨席になり、「あまご」の稚魚と「あゆ」の成魚を御放流になった。

放流会場となった龍神湖は、紀の川支流吉野川に建設された大滝ダムによって形成された人造湖である。同県は海に面してゐない所謂内陸県であることから、「山は川を育み、川は海を育む～山・川・海の自然の恵みを未来に」との理念のもと、「ゆたかなる　森がはぐくむ　川と海」といふテーマを掲げての大会であった。「あまご」は、サケ目サケ科に属するサツキマスと同種で、海に下らないで河川に留まる陸封型の魚の和名であり、「あゆ」は日本各地の清流に産する代表的な淡水魚で、幼魚は海に出て育ち四、五月頃に川に遡って急流に棲む。

御製は、第一句「わかきあまごと」（七音）、第二句「たまごもつあゆを」（八音）と字余りではあるが、あまごの成長とあゆの無事なる産卵を強く願はれるお心が拝察され、字余りを感じさせない。「湖辺《うみ》」は湖畔のこと。放流された魚たちが、吉野川流域の山々に囲まれた「青き湖辺」に元気よく泳ぎ出して行く様子が目に浮ぶやうである。

皇后陛下御歌

ソチ五輪

「己《おの》が日」を持ち得ざりしも数多《あまた》ありてソチ・オリンピック後半に入る

二月六日から二十三日まで、第二十二回オリンピック冬季ソチ大会がロシア南部ソチで開催され、十八日間の熱戦が繰り広げられた。日本選手団は、海外の冬季五輪で最多の八個（金一・銀四・銅三）のメダルを獲得した。選手たちは試合前には大きな重圧と向き合ふ。本来の力を発揮できず、期待されながらもオリンピックを「自分の日」にすることができず敗れた選手たちも多くゐたが、まだこれからの後半に期待しますと詠まれた御歌である。皇后陛下の温かな眼差しと御声援を思ふのである。

宜仁親王薨去

み嘆きはいかありしならむ父宮は皇子《みこ》の御肩《おんかた》に触れまししとふ

桂宮宜仁《よしひと》親王殿下には、六月八日に薨去《こうきょ》された。天皇皇后両陛下は、薨去の日から四回にわたり桂宮邸及び赤坂東邸を訪問されたほか、斂葬《れんそう》の儀（皇族の葬儀）の後に拝礼のために豊島岡墓地に行幸啓になった。宜仁親王は、三笠宮崇仁《たかひと》親王の第二男子。三笠宮殿下におかれては、第三男子の高円宮憲仁《のりひと》親王を平成十四年に、第一男子の寛仁《ひろひと》親王を平成二十四年に亡くされてゐる。

御歌の結びの「とふ」とは「と言ふ」（と言ふことを聞く）の意。この御歌は、斂葬の儀に先立つ御舟入りの儀（一般の納棺に当たる儀式）の際に、三笠宮殿下が宜仁親王の御肩にお触れになったことをお聞きになり、「皇子」をお失ひなられた父君三笠宮殿下の深い御悲しみをお思ひになり詠まれたもの。「御子」ではなく「皇子」の敬称を御使用になってをられることに意を留めたい。

三人の皇子に先立たれた三笠宮同妃両殿下の御悲嘆は如何ばかりかと拝察するとともに、皇后陛下の細やかな御心遣ひが偲ばれる。二句目の「ありしならむ」は、御製三首目の三句目にも使はれてをり、「如何であったのだらうか」と、両陛下の御思ひの深さを拝するのである。

学童疎開船対馬丸《つしままる》

我もまた近き齢《よはひ》にありしかば沁《し》みて悲しく対馬丸思ふ

戦時中の「対馬丸」の遭難は、知る人ぞ知る悲劇である。沖縄の那覇港を昭和十九年八月二十一日に出航した同船は、翌二十二日午後十時過ぎ、奄美大島と屋久島のほぼ中間の悪石《あくせき》島《じま》付近を航行中に米潜水艦から魚雷三発を受け沈没した。乗船者は本土に疎開せんとした学童と一般県民。児童七百八十名（対馬丸記念館のデータによる）を含む多数が亡くなった。当時、天皇陛下は十歳、皇后陛下は九歳であられた。同世代を見舞った悲劇に、両陛下は以前から強く心を寄せてをられたと漏れ承る。

天皇陛下は、平成九年の御誕生日にちなむ御会見で、「数日前、戦争中千五百人近くの乗船者を乗せた学童疎開船対馬丸が米国の潜水艦に沈められ、その船体が悪石島の近くの海底で横たわっている姿がテレビの画面に映し出されました。私と同じ世代の多くの人々がその中に含まれており、本当に痛ましいことに感じています」と述べてをられる。陛下はこのことを、「対馬丸見出ださる」の詞書で、「疎開児の命いだきて沈みたる船深海《しんかい》に見出だされけり」とお詠みになってゐる。

六月二十六日、二十七日にこの学童疎開船対馬丸の犠牲者を慰霊されるため、沖縄県に行幸啓になった。二十六日は糸満市の沖縄平和記念堂を御訪問になり、国立沖縄戦没者墓苑を御参拝。翌二十七日に那覇市にある対馬丸犠牲者の慰霊碑「小桜の塔」を御訪問になり、白菊をお供へになった。続いて対馬丸記念館を御視察ののち、対馬丸遺族や生存者と懇談され、労《ねぎら》ひと励ましの御言葉をかけられた。皇后陛下はこの悲劇を深くお心に感じられ、先の天皇陛下の御思ひをも込められ、一気にお詠みになったものと拝察される。四句目「沁みて悲しく」に、強く心を寄せられ、悲しみを御自身のものとして捉へてをられる御様子が拝察される。胸に迫る御歌である。

【歌会始】　お題「本」

新年恒例の歌会始の儀は、一月十四日、宮殿松の間において行はれ、その模様をテレビで拝見した。古式ゆかしい節回しで披講される預選歌を、身じろぎもされずお聴きになる両陛下の御姿に感銘を受けた。

御製

夕やみのせまる田に入り稔りたる稲の根本に鎌をあてがふ

わが国における稲作は、記紀神話が伝へる天孫降臨の物語―天照大御神が、天孫瓊々杵《ににぎの》尊《みこと》の高千穂の峰への降臨に先立ち、三種の神器と穂《いなほ》を託《ことづ》け、皇孫《すめみま》に米作りを命じられた―に始まる。日本の国と「米」との関係は一体不離で古く神話的伝承にまで遡る。「瑞穂《みづほ》の国」がわが国の別称である。

皇居における直接的な田作りは、先帝昭和天皇が昭和二年に始められたと承るが、以来、今上陛下によっても継承され、平成元年からは種籾を御手播きされるところから始められてゐるといふ。昨年は、生物学御研究所脇の御田で四月に御手播き、五月にお手植ゑをされ、九月には御手づからお刈り取りされた。伊勢神宮へは根付きのまま十月の神嘗祭《かんなめさい》に奉られ、収穫された新穀は宮中祭祀のなかでも最も重要な十一月二十三日の新嘗祭《にひなめさい》に供へられた。

御製は、秋の夕闇が迫るなか、御稲刈りをされた時のことを詠まれてゐる。稲の束を力強く摑まれて、「根本」に鎌を当て、一気に刈られるご様子が拝察される。刈り取られる際の小気味良い音が聞えてくるやうである。遙か天孫降臨に発する田作りにお心を込められる陛下の御姿を畏くも拝するのである。

皇后陛下御歌

来《こ》し方《かた》に本とふ文《ふみ》の林ありてその下陰に幾度《いくど》いこひし

「来し方」とは、「過ぎ去った時」の意。皇后陛下は、「本」を「文の林」と表現され、林の木陰で憩ふやうに、過去幾度となく本によって安らぎを得てきたことを思ひ起され、本に対する親しみと感謝の御気持ちをお詠みになられた。

平成十年の国際児童図書評議会（ＩＢＢＹ）ニューデリー大会で、皇后陛下は「子供時代の読書の思い出」と題するビデオによる基調講演をされた。世界中に大きな反響を呼び起したこの御講演は、のちに『橋をかける』の書名で各国で出版され、さらに多くの人々に感銘を与へたが、その中で「今日まで本から多くの恩恵を受けてまいりました」と、子供時代の読書を語られてゐる。

（『国民同胞』平成二十七年二月号　山本博資）

平成二十八年年頭ご発表

御製

第六十六回全国植樹祭（石川県）

父君の蒔《ま》かれし木より作られし鍬を用ひてくろまつを植う

第七十回国民体育大会開会式（和歌山県）

作られし鯨もいでて汐を吹く集団演技もて国体開く

第三十五回全国豊かな海づくり大会（富山県）

深海の水もて育てしひらめの稚魚人らと放つ富山の海に

戦後七十年に当たり、北原尾《きたはらお》、千振《ちふり》、大日向《おおひなた》の開拓地を訪《と》ふ

開拓の日々いかばかり難《かた》かりしを面《おも》穏やかに人らの語る

新嘗祭近く

この年もあがたあがたの田の実りもたらさるるをうれしく受くる

皇后陛下御歌

石巻線の全線開通

春風も沿ひて走らむこの朝女川駅《あしたをながは》を始発車いでぬ

ペリリュー島訪問

逝《ゆ》きし人の御霊《みたま》かと見つむパラオなる海上を飛ぶ白きアジサシ

YS11より五十三年を経し今年

国産のジェット機がけふ飛ぶといふこの秋空の青深き中

【歌会始】　お題「人」

御製

戦ひにあまたの人の失せしとふ島緑にて海に横たふ

皇后陛下御歌

夕茜《ゆふあかね》に入りゆく一機若き日の吾《あ》がごとく行く旅人やある

雲一つなく澄みわたった元旦の朝刊に、両陛下が昨平成二十七年にお詠みになった御製五首および御歌三首が掲載された。国民としての喜びを新たにしつつ拝読した。

天皇陛下の年頭の御感想を併載して、丁寧な解説を加へてゐた産経新聞、東京新聞が特に目についたが、宮内庁が発表したお歌のすべてが全国各紙に掲載されてゐた。年頭ご発表の御製、御歌を拝誦して、拙いながら感想を謹記させていただく。

昨年は戦後七十年の節目の年に当り、天皇皇后両陛下は国内外への慰霊の旅を重ねられた。特に、四月のパラオ共和国御訪問は感銘深いものだった。御慰霊とともに意義があったのが、国民の歴史への関心を呼び起したことであらう。

平成二十一年の御即位二十周年の記者会見では、日本の将来で最も心配なことは「次第に過去の歴史が忘れられていくこと」であり、「昭和の歴史には様々な教訓があり、歴史的事実を知って未来に備えることが大切」と述べてをられた。パラオへの御出発前の御言葉のなかでも、「太平洋に浮かぶ美しい島々で、このような悲しい歴史があったことを、私どもは決して忘れてはならないと思います」とお述べになってゐる。この御思ひのままの御慰霊であられたと拝察する。

御訪問は大きく報道され、戦歿者に祈りを捧げられる両陛下の御姿を仰ぎ、私達国民は国のために尊い生命を捧げられた父祖たちのことを思ひ起した。八月に発表された安倍首相の

「戦後七十年談話」も、御言葉を受け止めた内容になってゐたやうに思ふ。

御製

第六十六回全国植樹祭（石川県）

父君の蒔《ま》かれし木より作られし鍬を用ひてくろまつを植う

全国植樹祭は、昭和二十五年から始められてゐる。陛下も昭和天皇の御心を受け継がれ、昭和六十三年の昭和天皇の御名代として御成りになって以降、毎年、御臨席遊ばされてゐる。天皇皇后両陛下は、五月十七日、石川県小松市の木場潟公園で開かれた全国植樹祭に臨まれた。青空のもと、祭典のテーマ「木を活かし 未来へ届ける ふるさとの森」を掲げる会場は、霊峰白山《はくさん》を眺望する場所にある。陛下はクロマツ、ケヤキ、スギの三種を、皇后陛下はアカマツ、ケンロクエンキザクラ、ヤマモミヂの三種の苗木を植樹された。また、陛下はアテ、クヌギの種、皇后陛下はヤマザクラ、トチノキの種を御手播きになった。

御製は、御父君・昭和天皇が昭和五十八年に同県河北郡津幡町の森林公園で開催された第三十四回全国植樹祭の折、白山市の林業試験場において御手蒔きされたスギの種子が成長し、そのスギで作られた鍬を用ひてクロマツを植ゑられたことをお詠みになってゐる。三十二年前に御父君が御手植ゑになった杉の木で作られた鍬を手にとられ、杉の真新しい木肌の触感を通して昭和天皇を偲んでをられる御様子を拝するのである。

第七十回国民体育大会開会式（和歌山県）

作られし鯨もいでて汐を吹く集団演技もて国体開く

天皇皇后両陛下は、九月二十五日に和歌山県へ行幸啓になり、二十六日、和歌山市の紀三井寺公園陸上競技場で開催された「紀の国わかやま国体」の開会式に御臨席になった。開会式前の演技で、二千八百余の人たちによって和歌山県の自然風土、歴史、偉人らをアピールした「紀の国のみち」が演じられた。御製は、第一章「森のみち」に続く第二章「海のみち」で会場に引き出された大きな鯨の模型が白煙を上げて汐《しほ》を吹く様を御覧になり、お詠みになったものである。澄み渡る大空のもと、若きらの踊りで躍動する会場の雰囲気が伝はってくると共に陛下のお喜びとあたたかい御眼差しが拝察される。

和歌山県は、捕鯨発祥の地として約四百年の歴史があり、捕鯨やイルカ漁は紀南地方の重要産業の一つであった。地域文化の伝承、鯨肉を含む海洋生物資源の保護の必要性を世界に発信してゐる同県の取組みを、応援されてゐるとも拝するのである。

その後、広川町の「稲むらの火の館」を御視察。同館は、安政元年（一八五四）に紀伊半島を大津波が襲った際、稲の束「稲叢《いなむら》」に火を点《つ》けて村人を高台に誘導し、多くの命を救ったとされる濱口五兵衛（悟陵）を記念して建設された。先の開会式前の演技でも濱口悟陵は紹介されてゐた。この「稲むらの火」の逸話は、『小學國語讀本　巻十』の教科書で取りあげられ、数ある教材のなかでも特に深い印象を国民に残したものと言はれてゐる。毎年、地元では津波祭が行はれ、五兵衛の偉業を顕彰して、防災教育訓練の大切さを忘れないやうにしてゐるとのことである。

皇后陛下は、平成十一年の御誕生日の記者会の質問に対して、「子供のころ教科書に、確か『稲むらの火』と題し津波の際の避難の様子を描いた物語があり、その後長く記憶に残ったことでしたが、津波であれ、洪水であれ、平常の状態が崩れた時の自然の恐ろしさや、対処の可能性が、学校教育の中で具体的に教えられた一つの例として思い出されます」とお述べになってゐる。

第三十五回全国豊かな海づくり大会（富山県）

深海の水もて育てしひらめの稚魚人らと放つ富山の海に

「全国豊かな海づくり大会」は、天皇皇后両陛下が地方へお出ましになる三大行幸啓の中で、陛下が皇太子の御時に始められ、大切に続けて来られた御公務である（あとの二つは「全

ヒラメやキジハタをご放流になる天皇皇后両陛下
（写真提供：富山県）

国植樹祭」と「国民体育大会」）。昨年は富山県で十月二十四日から二十五日まで開催された。大会は天候にも恵まれ、二日間で延べ三万人を超える人々が来場し、大変盛況のうちに無事終了した。

両陛下は、十月二十五日、富山湾に面した射水市の多目的ホールで開催された催しに御臨席になり、ヒラメとキジハタの稚魚を御放流になった。翌二十六日、両陛下は滑川市の「滑川栽培漁業センター」を御視察、飼育中のヒラメやアカムツ（ノドグロ）の稚魚やエゾアハビの稚貝を御見学になった。

富山湾は、蜃気楼、ホタルイカや海底林などから世界的にも珍しい「神秘の海」と称されてゐる。海岸線から急に深くなる地形を有し、表層は日本海を北上する対馬海流と冷たい日本海固有冷水（深層水）が層をなしてゐる。そこへ立山連峰に源を発する河川・地下水が流れ込み、新鮮な酸素と栄養を供給し、数百種の魚が生息する「天然のいけす」と呼ばれる好漁場となってゐる。一方では、漁業経営が厳しくなるなかで、資源管理型漁業やつくり育てる漁業の一層の推進などが、大会の基本方針に取りあげられ実施されてゐる。

御製は、富山湾の深層水で飼育されたヒラメの稚魚を、母なる海にて成長することを願ひ御放流になったことを詠まれてゐる。県民挙げての「豊かな海づくり」の取組みに、陛下も同じお気持ちで参加して御推進されてゐると拝察するのである。

戦後七十年に当たり、北原尾《きたはらお》、千振《ちふり》、大日向《おおひなた》の開拓地を訪《と》ふ

開拓の日々いかばかり難《かた》かりしを面《おも》穏やかに人らの語る

詞書に記されたやうに平成二十七年が戦争終結から七十年の節目に当り、外地から引揚げてきた人々の開拓地への御訪問を強く望まれ、六月から八月にかけての御訪問となった。敗戦を境に身一つで海外から引き揚げてきた人たちは、何処で、どのやうな仕事をし、どのやうな思ひで生きてきたのか、その苦難に満ちた歩みを忘れてはならないとの強い大御心を拝し奉るのである。

六月十七日、両陛下は宮城県の蔵王町の北原尾を御訪問された。山形県のみの私的な御日程のなかで、強い希望で立ち寄られることになった。終戦後、パラオから戻ってきた人たちは、パラオを忘れないとの想ひから、「北のパラオ」の意味を込め、地名を「北原尾」と命名して入植した。入植者は、一面に広がる森林を手で掘り起し切り墾《ひら》いて、現今「酪農の北原尾」と呼ばれるまでに開拓した。激戦地のパラオから引揚げてきた人々に、ずっと御心を御寄せになってゐる御様子が拝察される。

七月二十日には、両陛下は福島県境に近い栃木県那須町豊原丙《とよはらへい》の千振地区を訪ねられた。千振地区は那須連山の山麓に広がる四、五百メートルの準高冷地で、戦後に満州から引揚げてきた人々によって、強酸性土壌で流水の便が皆無に等しい不毛の地が沃野に開拓され、現在は酪農中心の農業が営まれてゐる。千振開拓地を御訪問になった両陛下は、入植者や家族ら七人と懇談された。戦後六十年に当る平成十七年にも同開拓地を御訪問になってゐる。

ついで八月二十日、両陛下は長野県軽井沢町の大日向地区に足を運ばれた。長野県の旧大日向村は戦前、村を二分して満州に移住し「満州大日向村」をつくった。戦後、引揚げてきた人たちは、浅間山麓に入植し、再び「大日向」と名付けて開拓を進め、酪農、高原野菜の栽培が出来るまでに整備された。大日向開拓地区を御訪問の両陛下は、開拓記念館で入植当時に使用した鍬や鎌などを御覧になった後、七十、八十歳代の入植者八人と懇談された。両陛下は、皇太子同妃両殿下の御時から度々、この地を御訪問になってゐる。

御製は、各地区で入植した人たちと懇談され、その話をお聞きになられたときのことを詠まれたものである。開拓の仕事がどれほど過酷で苦難に満ちたものであったか想像に絶する日々であったにもかかはらず、入植者たちはその労苦を乗り越え、「面穏やかに」語る。両陛下は静かにそれに耳を傾けてをられる。過去の苦難の日々を想ひつつも、両陛下と入植者達の心の通ひ合ふ和やかな場面が髣髴とする御作である。

新嘗祭近く

この年もあがたあがたの田の実りもたらさるるをうれしく受くる

新嘗祭《にひなめさい》は、毎年十一月二十三日に宮中三殿に付属した神嘉殿で天皇が御親祭される宮中祭祀のひとつで、五穀豊穣の収穫祭に当る。最も重要な祭祀とされてゐる。

新嘗の「新」は新穀（初穂）を、「嘗」は御馳走を意味し、天皇陛下が宮中で初穂を天照大御神はじめ天神地祇に御供へされ、御自らも初穂を召しあがり、神様の恵みによって初穂を得たことを感謝される御祭である。神嘗祭と同じく伊勢神宮には勅使が遣はされる。

新嘗祭においては、皇居内の水田で刈り取られた新米や、粟などと共に、各都道府県から奉納された皇室献上米が神々に御供へされる。毎年この時期に両陛下は、都道府県の関係者と献上農家にお会ひになって感謝の御気持をお伝へになる。

御製は、神々に本年の「田の実り」を奉告されると共に、各「県《あがた》」よりの献上米を「うれしく受くる」と率直に御喜びの御気持をお詠みになってゐる。献上農家の人々が米作りに精魂をこめる労《いたつき》にもお心を寄せられた御作と拝察するのである。「夕」行の音のしらべが心地よく沁みる。

皇后陛下御歌

石巻線の全線開通

春風も沿ひて走らむこの朝《あした》女川《をながは》駅を始発車いでぬ

石巻線《いしのまきせん》は、東日本大震災で被災し、一部区間の不通が続いてゐたが、三月二十一日に、女川駅—浦宿《うらしゆく》駅間の復旧により四年ぶりに全線開通した。被災したＪＲ在来線のうちで最初の全線再開であった。駅舎も新しくなった女川駅周辺の復興を宣言する「まちびらき」に合せての開通で、その始発列車は女川駅から出発し、新たな一歩を踏み出した。

両陛下は、その直前の三月十三日、東日本大震災後四回目の宮城県入りを果され、十五日にかけて岩沼、名取、東松島、石巻市の被災地に足を運ばれ復興状況を見て回られた。石巻市は初の御訪問となった。

皇后陛下は、石巻線沿線の復興状況を御視察になってをられたので、開通の知らせを格別な御思ひでお聞きになられたと拝察する。力強く復興しつつある町の情景が目に浮ぶ。沿岸部の鉄路再生が進み、復興のシンボル「始発車」に「春風も沿ひて」励まし応援してゐるやうな様子を思ふと共に、御自身を春風に託され一緒に走りたいとの御気持が拝察されるが如き御歌である。

ペリリュー島訪問

逝《ゆ》きし人の御霊《みたま》かと見つむパラオなる海上を飛ぶ白きアジサシ

天皇皇后両陛下は、四月八、九日の二日間、南太平洋のパラオ共和国を御訪問になった。天皇陛下が十数年来、願ひ続けられたパラオへの御慰霊の旅である。日本の委任統治下のパラオでは、一万余の日本人将兵が散華してゐる。両陛下は、南部の要衝ペリリュー島で、戦死者の霊に祈りを捧げられた。

皇后陛下は、十月二十日の御誕生日に際しての宮内記者会の質問に対して、パラオへの御慰霊の旅に触れられ、「かつてサイパン島のスーサイド・クリフに立った時、三羽の白いアジサシがすぐ目の前の海上をゆっくりと渡る姿に息を呑んだことでしたが、この度も海上保安庁の船、『あきつしま』からヘリコプターでペリリュー島に向かう途中、眼下に、その時と同じ美しい鳥の姿を認め、亡くなった方々の御霊に接するようで胸が一杯になりました」と文書で回答されてゐる。

まさにこの情景をお詠みになった御歌である。アジサシは、カモメ科に分類され、鳩と同じくらいの大きさで海岸や河川の砂浜に巣をつくる。古来、蛍を身体から遊離した魂に見立てる和歌も多いが、このアジサシを英霊と受け止められ、御心を注ぎ見入られてゐる御様子を拝察するのである。

YS11より五十三年を経し今年

国産のジェット機がけふ飛ぶといふこの秋空の青深き中

戦後、わが国は驚異的な復興を遂げ、各種の高品質の工業製品を生産し世界に冠たる工業国になったが、航空機産業だけは育たなかった。わが国の航空機開発技術は、戦前戦中を含め世界のトップレベルにあったが、戦後、GHQ（占領軍総司令部）は航空機産業全般を厳しく制限した。米国を中心とした戦勝国は、わが国の航空機開発の技術力を恐れたのであり、制約は現在も未だ続いてゐる。このやうな状況下においても航空機関連メーカーは、部品製造や素材の開発・供給を細々と続けて、技術力を大いに磨き蓄へてきた。そして、先づ実を結んだのが、昭和三十七年八月に初飛行を行った近中距離用の双発式プロペラ旅客機「ＹＳ11」であった。詞書にあるやうに、それから五十三年を経た昨平成二十七年十一月十一日、遂に国産初のジェット旅客機ＭＲＪ（ミツビシ・リージョナル・ジェット）が試験飛行に成功した。最先端技術を取り入れ機体の軽量化、優れた環境適合性と運航経済性を兼ね備へた国民期待の航空機の誕生である。

ＭＲＪが秋の青く澄み渡った大空に飛ぶ様に思ひを馳せられてお詠みになった御歌である。初飛行成功の深い御慶びの御気持を拝察する。

天皇陛下は、八十二歳の御誕生日に際しての記者会見において「日本製のジェット旅客機が完成し、試験飛行が行われたこともうれしいことでした」とお述べになった。両陛下ともに「日の丸」航空機の前途を祝福され、安全運航と飛躍を願ってをられるものと畏くも拝するのである。

【歌会始】　お題「人」

新年恒例の「歌会始の儀」が、一月十四日、皇居正殿「松の間」において行はれた。

御製

戦ひにあまたの人の失せしとふ島緑にて海に横たふ

パラオ御訪問の両陛下は、四月九日、日本政府がペリリュー島最南端に建立した、島の岩を埋め込んで作られた「西太平洋戦没者の碑」に、持参された白菊を供花され鎮魂の御祈りをささげられた。さらに、碑の脇にお立ちになり、碑の後方に広がる海上に浮ぶ緑濃きアンガウル島に向って暫し黙礼された。同島でも、約千百人の日本守備隊が戦死してゐる。御製はこの時のことをお詠みになってゐる。「とふ」は「と言ふ」の謂。

この拝礼は、陛下の御意向で急遽予定に入れられたとのことである。今回のパラオ御訪問でも、現地に出向くことが追悼と慰霊の原点であることを、両陛下は言外にお示しになってゐるやうに思はれるのである。

皇后陛下御歌

夕茜《ゆふあかね》に入りゆく一機若き日の吾《あ》がごとく行く旅人やある

夕方の茜色に染まる空の方角に飛び進んでいく飛行機をご覧になりながら、御成婚前年の昭和三十三年、御一人で欧米各国を旅されたことを思ひ出され、自分と同じやうな旅する若者が乗つてゐるのではと想像された御歌。

遥かに遠い異国への一人旅から多くのことを見聞された御経験を踏まへ、希望や夢を抱いて進んで行く若者への期待と活躍を願はれてゐるものと拝察されるのである。

（『国民同胞』平成二十八年二月号　山本博資）

平成二十九年年頭ご発表

御製

第六十七回全国植樹祭（長野県）

山々の囲む長野に集《つど》ひ来て人らと共に苗木植ゑけり

第三十六回全国豊かな海づくり大会（山形県）

鼠ヶ関《ねずがせき》の港に集《つど》ふ漁船《いさりぶね》海人《あま》びと手を振り船は過ぎ行く

第七十一回国民体育大会開会式（岩手県）

大いなる災害受けし岩手県に人ら集《つど》ひて国体開く

平成二十八年熊本地震被災者を見舞ひて

幼子の静かに持ち来《こ》し折り紙のゆりの花手に避難所を出づ

満蒙開拓平和記念館にて

戦の終りし後《のち》の難《かた》き日々を面《おも》おだやかに開拓者語る

皇后陛下御歌

一月フィリピン訪問

許し得ぬを許せし人の名と共にモンテンルパを心に刻む

被災地熊本

ためらひつつさあれども行く傍《かたは》らに立たむと君のひたに思《おぼ》せば

神武天皇二千六百年祭にあたり橿原神宮参拝

遠つ世の風ひそかにも聴くごとく樫の葉そよぐ参道を行く

【歌会始】　お題「野」

御製

邯鄲《かんたん》の鳴く音《ね》聞かむと那須の野に集《つど》ひし夜《よる》をなつかしみ思ふ

皇后陛下御歌

土筆《つくし》摘み野蒜《のびる》を引きてさながらに野にあるごとくここに住み来《こ》し

御製

第六十七回全国植樹祭（長野県）

山々の囲む長野に集《つど》ひ来て人らと共に苗木植ゑけり

全国植樹祭は、遠く明治時代の愛林日に端を発する。明治二十八年十一月三日の天長節（天皇御生誕日）が「学校植栽日」とされ、全国の学校に学校林設置の訓令が出された。戦後生れの私にも小中学校時代に学校総出で学校林の下草払ひに行った思ひ出がある。愛林日の植樹行事は、昭和二十五年から全国植樹祭に引き継がれ、現在に至ってゐる。

愛林日の制定は、米国の農学者で農務長官を務めたモートンの植樹活動を、明治二十八年に来日した米国の教育家ノースロップが紹介したことが契機となった。

しかし、我が国には、古来、自然のあらゆるところに八百万の神々が宿るとされ、山野についてもまた、その神秘的な景観や経済的な恩恵など、様々な形で畏敬と感謝の念を以て共生すべきものであるとの伝統的な考へ方があった。

そのやうなことから、愛林日と植樹祭は全国的な事業となって定着して行ったのである。抑《そもそ》も記紀神話によれば、「木の神」は「国生み」のイザナギ・イザナミ二神から生れたとされてをり、鎮守の森は、今も昔も、人々の心の拠り処である。

御製は、全国植樹祭の開催された長野県を形容して「山々の囲む」と詠み出でられた。この端的な御表現に、すでに、真夏の緑豊かな長野の山々に対する愛着とお喜びが込められてゐる。そして、「集ひ来て」にそれが国家的事業であることを示され、「人らと共に」に国民との一体感をお示しになってゐる。

この日、陛下は、ヒノキ、ウラジロモミ、コウヤマキの苗木をお手植ゑになった。「苗木」といふお言葉には未来への希望も込められてゐるであらう。

因みに、昭和五十二年からは、過去の植樹祭で植ゑられた木の枝払ひ等を行ふ全国育樹祭も行はれるやうになり、皇太子同妃両殿下に御臨席頂いてゐる。

全国植樹祭は今年で六十八回（五月、於・富山県）を数へ、育樹祭も四十一回（十月、於・香川県）になる。昨今、我が国では、生活形態の変化に伴ひ、国民が自然や伝統文化と触れ合ふ日常的な機会が少なくなり、林業を始め一次産業は課題山積の状態であるが、この事業の本来の意義を顧み、未来への希望を含めて、その本旨が今後も永く護持されていくことを祈りたい。

第三十六回全国豊かな海づくり大会（山形県）

鼠ヶ関《ねずがせき》の港に集《つど》ふ漁船《いさりぶね》海人《あま》びと手を振り船は過ぎ行く

全国豊かな海づくり大会も、その趣旨は植樹祭と同様である。これは昭和五十六年から開催されてをり、天皇陛下におかれては、皇太子の時代から皇后陛下とともに御臨席になってゐる。

四方を海に囲まれ、内陸にも多くの湖沼や河川を有する我が国において、皇室が率先して海の幸や川の幸を護り育てる事業に取り組まれることが、水産資源の保護と環境保全に関する国民意識の高揚に、どれほど大きな影響を与へてゐるか計り知れない。

平成二十八年の大会は、「森と川から海へとつなぐ生命のリレー」をテーマに山形県において開催され、九月十日と十一日の二日間で延べ三万人が参加した。

鼠ヶ関港は山形県の南西端（鶴岡市）にある漁港で新潟県に隣接してゐる。この地は、その名のとほり古くから関所があり、陸の交通の要所であったばかりでなく、港は鼠ヶ関川の河口に開け、物流と水産業の拠点として、また、海上交通の要所としても重要な役割を担ってきた所である。近年は、海洋レクレーション基地としても整備が進められ、賑はひを増しつつあるといふ。

大会では、海上奉迎行事として漁船のパレードが行はれた。御製はその様子をお詠みになったものであるが、賑はしく躍動的な調べに、東日本大震災で未曽有の被害を被った東北地方の人々の復興の様子も垣間見えて、震災後の国民の生活に絶えず御心をお寄せになる陛下の安堵の御表情を拝する思ひがする。

両陛下は、この日、同港において、ヒラメ、アハビ、サクラマス、イハナの稚魚等を水産関係者にお手渡しになり、ともにそれらの放流行事にも臨まれた。

大会への御臨席と併せて、両陛下は、行幸啓の折の常の如く、県知事、県議会議長その他の関係者から、県内の状況を御聴取になったばかりではなく、諸施設や学校等を御視察になり、更に様々なレセプションにも御臨席になった。御多忙な日程を終へて皇居にお戻りになったのは、御出発から三日目の十二日だった。

第七十一回国民体育大会開会式（岩手県）

大いなる災害受けし岩手県に人ら集《つど》ひて国体開く

全国植樹祭、全国豊かな海づくり大会と並び「三大行幸啓」の一つとされてゐる国民体育大会は、最も華やかな国民的行事であり、一～二月に冬季大会（スケート・アイスホッケー競技会とスキー競技会）、九～十月に本大会が行はれる。平成二十八年の本大会は、十月一日から同十一日まで、岩手県において開催された。

御製は、北上総合運動公園北上陸上競技場における開会式に御臨席になったときのことを詠まれたものである。

華やかな祭典の開幕に際しても、「大いなる災害受けし」と詠み出でられたのは、何を措いてもそのことが最もお心にかかる事柄であるからであり、下の句は、その反面として、復興の様子を御覧になった安堵の御表現となってゐる。

かつて、昭和天皇は、昭和三十九年十月の東京五輪の開催に際し、国民の誰もがメダル獲得数に心を奪はれてゐた熱狂の中で、「この度のオリンピックにわれはただことなきをしも祈らむとする」とお詠みになった。

これらの大御歌に示された広大無辺の親心には、常人にはとても思ひ及ばない御心の奥深さを覚えるばかりである。先人が遺してくれた「皇恩に浴する」といふ言葉の意味合ひを今更ながら思はずにはゐられない。

平成二十八年熊本地震被災者を見舞ひて

幼子の静かに持ち来《こ》し折り紙のゆりの花手に避難所を出づ

昨年四月、震度七の大地震が二度も熊本に発生し、県内各地で甚大な被害が生じた。御心を痛めてをられた天皇皇后両陛下は、「一日も早く赴きたい」との御意向を示され、地震後一ヶ月余りの五月十九日、未だ余震が頻発してゐた状況下で、南阿蘇村と益城町の避難所を見舞はれた。被災状況をお見回りになるヘリコプターの中でも黙禱を捧げてをられたといふ。

その御心は、両陛下の御来訪を心待ちにしてゐた人々にも通じてゐた。胸一杯の不安を抱へながら仮設住宅で暮らしてゐた益城町の主婦・野田さんは、両陛下が搭乗されるヘリコプターが点になって見えたとき、「ああ、これで救はれる」と思ったといふ。野田さんは、十二月末、益城町文化会館で開催された天皇誕生日奉祝会において、壇上に立ち、両陛下にお励ましを頂いたそのときの思ひを涙ながらに語ったのであった。

避難所の一つである益城中央小学校を御訪問になられた両陛下は、多くの被災者に寄り添はれる如く、膝を床におつきになってお言葉をかけて行かれた。その途中、ややはにかみながら何も言はずに手作りの折り紙の花を天皇陛下に差し出した女の子がゐた。陛下は、ひ孫ほど齢の離れたその子を見詰められ、その質素な贈り物を優しく受け取られた。それは、陛下と幼い女の子との間に生じた一瞬の無言の語らひであり、御製の「静かに」といふお言葉には、その場の阿吽の呼吸ともいふべき思ひが秘められてゐる。

両陛下は、多忙な御公務が続く中で、春の叙勲関係の行事の翌日、警備の負担等にも配慮され、日帰りで熊本を御訪問になったのであるが、お言葉を賜ったのは被災者だけではなく、各行政機関の関係者、救助・対策活動に尽力した警察、消防、自衛隊の関係者、ボランティアをも労はれた。御高齢の両陛下には御負担の大きい強行日程であり畏れ多いことであったが、女の子が差し出した小さな折り紙の「ゆりの花」は、熊本県民を代表する両陛下への謝意としてお受け止め頂いたものであらうと思ふ。この御製をお詠みになったことが何よりそれを示すものであり、県民の一人としても畏れ多く有難いことである。

「ゆりの花手に避難所を出」られるときの大御心をあらためてお偲びしたい。

満蒙開拓平和記念館にて

戦の終りし後《のち》の難《かた》き日々を面《おも》おだやかに開拓者語る

満洲事変（昭和六年）の翌年以降、旧満洲国に約二十七万人の邦人が満蒙開拓団として入植した。これには、昭和十三年以降、満蒙開拓青少年義勇軍として応募し送り出された十六歳から十九歳までの青少年、八万六千人も含まれる。

満洲国には、敗戦時、約百五十五万人の邦人がゐたとされ、日ソ中立条約を蹂躙したソ連軍の侵攻、関東軍の崩壊により、筆舌に尽し難い悲劇が彼らを襲ふことになる。満蒙開拓団もまた、軍に動員された四万七千人を除く二十二万三千人が地獄の逃避行を余儀なくされ、飢ゑや寒さ、発疹チフス等の蔓延、ソ連軍や現地人の襲撃等により、老人、女性、子供を始め、約八万人が非業の死を遂げた。

かつて、全国で最も多くの満蒙開拓団員と義勇隊員を送り出した長野県では、平成二十五年、満蒙開拓平和記念館が阿智《あち》村に設置された。これは、開拓団の苦難の歴史を伝へ、平和の尊さを後世に伝へるための民間の博物館であり、昨年十一月、両陛下はここを御訪問になった。

悲惨な体験を語る人々との懇談において、陛下は、耐へ難き苦難を乗り越えてきた人々の屈強の精神と辛うじて命を永らへた幸運を御心深く受けとめられ、お耳を傾けられたのであらう。「面おだやかに」の一句に込められた御心を静かにお偲びしたい。

皇后陛下御歌

一月フィリピン訪問

許し得ぬを許せし人の名と共にモンテンルパを心に刻む

大東亜戦争末期、日米の大規模な戦ひがフィリピンにおいて展開された。日本軍は、この大戦を通じてフィリピンにおける戦死者が最も多く五十万人を超える。そしてまた、この日米戦の煽りで犠牲となつたフィリピン人の死者数は、軍人、民間人を含めて百万人を超えると言はれる。忘れようにも忘れ難い戦ひである。

モンテンルパは、フィリピンの首都マニラの近郊の町で、戦後、日本軍将校や民間人二百十余人が、フィリピンにおける虐殺行為の罪を問はれ、当地の収容所に収監された。東京裁判と同時期に軍事裁判「マニラ軍事裁判」が開かれ、百九十七人が有罪判決を受け、六十九人が死刑となった。

当時のフィリピン大統領、エルピディオ・キリノ氏は、弁護士出身の政治家で、一九四八年、第六代大統領に就任してゐた。大統領は、激烈な日米戦が繰り広げられるさなかに妻と五人の子のうち三人を亡くしてゐた（後に、米軍の無差別爆撃によるものであることが分った）。

一九五三年七月、キリノ大統領は、国内に反日感情が未だ根強く残ってゐた中で、戦犯とされてゐた有期刑、終身刑の日本人百五人に恩赦令（大統領による特赦）を出し帰国を許した。大統領の任期が切れる半年前のことだった。

モンテンルパで行はれた軍事裁判は、杜撰な調査、虚偽の証言、通訳の不備、報復感情等が雑多に影響し合ひ、裁判と呼べる体のものではなかった。無実の罪を負はされて処刑された人々とその御子孫の無念は、永遠に晴れることはないであらう。

御歌は、往時に深く思ひを馳せられ、その御子孫を通してキリノ大統領に捧げる深甚の謝意を述べられるとともに、無念の思ひでその地に斃れた人々への哀悼の御心を分ち難く結びつけてをられる。「心に刻む」といふ強い御表現に、御心の深さを拝し、身の引き締まる思ひがする。

被災地熊本

ためらひつつさあれども行く傍《かたは》らに立たむと君のひたに思《おぼ》せば

天皇皇后両陛下は、災害発生直後から、被害状況について情報を集められ、関係者をお召しになって状況をお聞きになり、また、様々な催しへのお出ましもお取りやめになるなど、並々ならぬ御思ひを以て被災地に御心を馳せられる。

御歌を拝し、天皇陛下のみならず、御自らも御高齢になられ、いざといふときに揺らいでしまふ複雑な御心情を率直にお述べになられたことを、むしろ有難く思ふ。

我が国では古来、子が被災したとき、老いたる母は果して自分などが行って役に立つだらうかと慮るが故にためらふのである。父は老いるとも、一刻も早く赴くと逸《はや》るのが常であり、老母は畢竟老父の思ひに添はうとするのである。何と有難い国に生れたことか。

御歌の「傍らに立たむ」とは被災者に寄り添ふことであり、「ひたに」はひたすら、「思《おぼ》す」は「思ふ」の敬語である。これらの御表現に、天皇陛下が如何に強く熊本訪問の御意向を示してをられたかが拝され、その強いお気持ちを仰がれる皇后陛下のお心持ちも拝察され、心打たれる御歌である。

両陛下は、被災地の避難所に御着きになるとすぐに二手にお分れになり、できるだけ多くの被災者にお言葉をかけられるやうお努めになった。

皇后陛下が少しお顔を傾けて覗き込まれるやうにお言葉をおかけになるとき、その前にはいつも、純真な子供のやうな目で仰ぐ人々の顔を見るのである。


神武天皇二千六百年祭にあたり橿原神宮参拝

遠つ世の風ひそかにも聴くごとく樫の葉そよぐ参道を行く

昨年は神武天皇崩御から二千六百年の式年に当り、御命日とされる四月三日、百年毎の式年祭が建国の聖地橿原神宮において厳粛に執り行はれた。天皇皇后両陛下は当日、奈良県橿原市の神武天皇陵において山陵の儀に臨まれ、その後、橿原神宮に御参拝になった。

御歌は、壮大にして清明。参道の樫の林を吹き抜ける風の音をお聴きになりながら、建国の昔の橿原の宮にも吹いてゐたであらう風に御心を馳せられる。「ひそかにも」といふお言葉には、心を込めて聴かなければ聞えない「あるもの」が暗示されてゐるが、それはゆかしき風の音だけではなく、遠い遠い昔の祖神祖霊の御声であったかも知れない。

万世一系の皇統を仰ぐ我が国ならではの二千六百年式年祭といふ祭儀の意義を爽やかにお伝へ下さる御歌である。

【歌会始】　お題「野」

新年恒例の「歌会始の儀」は、一月十三日、皇居宮殿「松の間」で厳かに行われた。

御製

邯鄲《かんたん》の鳴く音《ね》聞かむと那須の野に集《つど》ひし夜《よる》をなつかしみ思ふ

邯鄲はキリギリスを細くしたやうな体形で、コホロギとマツムシの中間のやうな高めの鳴き声で途切れなく鳴く。秋の虫の中では鳴き声が最も美しいとされる。

那須御用邸では、天皇陛下の御意向により、平成九年からの十年間、栃木県立博物館が中心となって敷地内の動植物調査が行はれた。

御製は、ある夜、研究者達から説明をお受けになりながら邯鄲の鳴く音をお聴きになったときのことを詠まれたものである。歌意の中心は、邯鄲の鳴く音よりもむしろ「集ひし」にあり、研究者達との触れ合ひを何よりもお喜びになってゐる御様子を拝することができる。

皇后陛下御歌

土筆《つくし》摘み野蒜《のびる》を引きてさながらに野にあるごとくここに住み来《こ》し

御歌は、永い御所内の御生活を回顧して詠まれたものである。「野にあるごとく」の象徴的な御体験、「土筆摘み野蒜を引きて」には目に浮ぶやうな真実味が溢れ、「さながらに」が流れるやうに前後を繋いで美しい。

何気ない日常の平穏な御生活を暗示しながら、素朴で平和な国民生活の永続を祈念してをられるものと拝する。

（『国民同胞』平成二十九年二月号　**折田豊生**）

平成三十年年頭ご発表

御製

第六十八回全国植樹祭（富山県）

無花粉のたてやますぎを植ゑにけり患ふ人のなきを願ひて

第七十二回国民体育大会開会式（愛媛県）

会場の緑の芝生色映えてえひめ国体の選手入り来る

第三十七回全国豊かな海づくり大会（福岡県）

くろあはびあさりの稚貝《ちがひ》手渡しぬ漁《すなど》る人の上思ひつつ

ベトナム国訪問

戦《いくさ》の日々人らはいかに過ごせしか思ひつつ訪《と》ふベトナムの国

タイ国前国王弔問

亡き君のみたまの前に座りつつ睦《むつ》びし日々を思ひ出でけり

皇后陛下御歌

旅

「父の国」と日本《にっぽん》を語る人ら住む遠きベトナムを訪《おとな》ひ来たり

第二次大戦後、ベトナムに残留、彼地に家族を得、後、
単身で帰国を余儀なくされし日本兵あり

名

野蒜《のびる》とふ愛《いと》しき地名あるを知る被災地なるを深く覚えむ

南の島々

遠く来て島人《しまびと》と共に過ごしたる三日《みつか》ありしを君と愛《かな》しむ

【歌会始】　お題「語」

御製

語りつつあしたの苑《その》を歩み行けば林の中にきんらんの咲く

皇后陛下御歌

語るなく重きを負《お》ひし君が肩に早春の日差し静かにそそぐ

御製

無花粉のたてやますぎを植ゑにけり患ふ人のなきを願ひて

第六十八回全国植樹祭（富山県）

第六十八回全国植樹祭は、平成二十九年五月二十八日、富山県魚津桃山運動公園で開催された。富山県では、昭和四十四年以来、二回目の植樹祭である。

富山県は、標高三千メートル級の北アルプス立山連峰から流れ出る水が山間地、平野を通って水深千メートルの富山湾に流れ込むダイナミックな水系を有し、それに伴ふ多様な自然環境に恵まれてゐる。そこで育まれ営まれてきた富山県民の多彩な生活様式は、自然との共生や自然保護に対する県民の意識や取組みにも大きな影響を与へてきたに違ひない。

スギ花粉症は今や国民病と呼ばれるまでになってゐるが、富山県森林研究所では、平成四年、県木タテヤマスギに無花粉の特徴を持つ突然変異体があることを発見し、全国に先がけて無花粉スギを開発育成。平成十九年、「はるよこい」と命名して品種登録した。「はるよこい」は平成二十三年から都市部の緑化用として普及しつつあるが、別途、林業用苗として「立山　森の輝き」が並行して開発された。これは、森林資源の再生と持続的活用に向けた有効な切り札として期待されてゐるらしい。

植樹祭において陛下がお手植ゑになられた三種の樹木の苗の一つがこの「立山　森の輝き」であり、陛下はこの苗に最もお心をお留めになったことがわかる。

花粉症は一旦発症すると長年にわたり罹患者を苦しめる。「患ふ人」とは無論、花粉症患者のことである。御製の下の句には、この病に苦しむ人々がなくなるやうにとの願ひが述べられ、上の句の「無花粉のたてやますぎ」といふ具体的な御表現には、国民の安寧を願はれる大御心に添ふかの如く、この希望の新品種を開発してくれた人々への限りない感謝の思ひが秘められてゐる。そして、「植ゑにけり」と結ばれる感嘆の一句には、開発関係者や植樹祭に集ふ人々とお心を一つにして植樹に携はられたお喜びが込められてゐるのである。

第七十二回国民体育大会開会式（愛媛県）

会場の緑の芝生色映えてえひめ国体の選手入り来る

国民体育大会は、戦後の混乱期、国民に希望と勇気を与へる目的で昭和二十一年に開始された。国体の歴史は戦後史の一側面であり、七十二回目となった愛媛大会は、松山市の県総合運動公園を中心会場として盛大に開催された。

天皇皇后両陛下は、九月二十九日に松山市に行幸啓になられ、翌日、同公園陸上競技場で開催された愛媛国体の開会式に一時間余り御臨席になった。両陛下の同県御訪問は二十四年ぶりであり、県民の熱烈な歓迎をお受けになったのであった。

開会式当日は秋晴れの快晴に恵まれた爽やかな式典となり、両陛下は入場してくる選手団に終始笑顔で拍手を送られた。本国体の名称「愛顔《えがお》つなぐえひめ国体」にふさはしい光景だった。

御製はそのときの様子を詠まれたものである。好天のお蔭もあり、芝生の緑が際立って美しかった。見事に手入れされた芝生の緑の色合ひは、陛下にとって、この大会開催のために費やされてきた多くの関係者の労苦の象徴に他ならなかったであらう。そして、そこに次から次に登場して来る潑剌とした選手団の姿は、まさに未来への希望と勇気を示すものであったに違ひない。臨場感溢れるお歌である。

第三十七回全国豊かな海づくり大会（福岡県）

くろあはびあさりの稚貝《ちがひ》手渡しぬ漁《すなど》る人の上思ひつつ

高齢化は農林業だけでなく、漁業においても大きな問題である。漁業従事者はかつて百万人もゐたが、今では二十万人を割り込み、平均年齢も六十歳を超えた。

第一次産業は低所得化が進み、補助金頼りとなったままで解決策が見当らないのが実状だ。将来への希望が見出せないことから若い世代の参入が減少し、後継者の確保は長い間深刻な課題とされてきた。

漁業においては、ほかにも多々反省すべき点がある。最も大きな問題は乱獲規制が甘かったことであるといふ。海洋資源に恵まれてきたわが国では、資源枯渇への警戒感が薄く、親魚を獲り尽くして漁獲量が落ちると残すべき子魚まで獲って量を稼いできた。豊かな海づくり大会は文字通り豊穣の海復活に向けた重要な啓発イベントであるが、国民の一人々々がそのやうな漁業の問題点や課題を知るべき機会でもあらう。

陛下は、漁業者の深刻な現状を十分御認識になり、胸を痛めておいでなのである。資源復活のための小さな稚貝をお手渡しになるとき、どれほどの御深慮が込められてゐたか計りしれない。

第三十七回となる海づくり大会は十月二十八日から二十九日にかけて福岡県宗像市で行はれたが、行幸啓の折、両陛下は宗像大社を御参拝になった。昨年七月、宗像・沖ノ島と関連遺産群がユネスコの世界遺産に登録されてをり、そのことを陛下はことのほかお喜びになってをられた。

海の守り神である宗像大社が広く世界に知られることの意義と海洋国日本が果たすべき役割の重要性を私達もまたあらためて問ひ返したいものである。

戦《いくさ》の日々人らはいかに過ごせしか思ひつつ訪《と》ふベトナムの国

我が国は昭和十五年、欧米列強の植民地支配からの解放といふ大義の下にフランス領インドシナ（ベトナム、ラオス、カンボジア）に進駐。昭和二十年、我が国の敗戦に伴ひ、フランスは直ちに再植民地化を図った。当時ベトナムに約九万人ゐた日本兵のうち八百人ほどが帰国せず、そのうち約六百人はベトミン（ベトナム独立同盟会）軍に加はり、同国の独立戦争に従事した。ベトナムがほぼ百年に及ぶフランスの支配から脱却し得たのは偏にこの人々の貢献によると言はれてゐる。

残留日本兵は約半数が第一次インドシナ戦争（独立戦争）で戦病死し、生存者はその後、東西冷戦を背景としてその多くが帰国させられることとなる（ベトナムは中国とソ連が支援する「北」と米仏が支援する「南」に分断。日本は米国の同盟国となり、「北」政府から敵対国と見なされた）。彼らは既に現地の女性と結婚し子供を儲けてゐる者もあったが、家族同伴の帰国が認められなかったこと等により、多くの女性や子供が取り残される結果となった。

一九六二年（昭和三十七年）の第二次インドシナ戦争（ベトナム戦争）勃発後は、日本政府が西側支持の立場であったため、元日本兵の家族は更なる苦境に立たされることとなり、悲哀の日々は、同戦争が終結する一九七五年（昭和五十年）まで続いた。御製の「戦の日々」とは、この一連の期間を指してゐる。

天皇皇后両陛下は、二月二十八日、初めてベトナムを御訪問になられた。平成三十年四月末の御譲位が確定し最後の外国訪問となるであらう訪問先がベトナムとなったことの意味は、それまでの両陛下の慰霊慰問の海外御訪問と併せて考へると、決して軽いものではなかった。

三月二日のハノイにおける元残留日本兵の家族との対面の席で、天皇陛下は切々と語る家族の話にじっと耳を傾けられ、皇后陛下は或いは手を取り或いは抱き寄せるやうにして人々の話をお聞きになったといふ。夫の祖国日本を思ひ続けこの日を心待ちにしてゐた妻やその子供達に対し、両陛下はまさに全霊を以てお応へになったのであった。

タイ国前国王弔問

亡き君のみたまの前に座りつつ睦《むつ》びし日々を思ひ出でけり

ベトナム御訪問の後、両陛下は、前年十月に八十八歳で崩御されたプミポン・アドゥンヤデート前国王（ラーマ九世）の弔問のためタイを御訪問になった。

プミポン前国王は一九四六年十八歳で即位され、戦後の動乱と変革の時代に幾多の国家的危機に遭遇しながらタイの発展と安定のために率先して取り組んで来られ、国民に深く敬はれ慕はれてゐた。プミポン国王の時代は、著しい発展を遂げたタイの現代史そのものだったと言へるであらう。国王はまた、世界最長の在位（七十年）であられ、偉大な国王として多くの国の人々に知られてゐた。

天皇陛下とプミポン前国王の交流は長くて深い。昭和三十八年にプミポン国王が我が国を訪問され、翌年、昭和天皇の御名代として皇太子であられた陛下が妃殿下とともにタイを訪問された。この時、プミポン国王は自ら車を運転し各地を案内されたといふ。また、当時、国民の食生活改善のため、プミポン国王が養殖魚について相談。魚類研究者でもあられる天皇陛下がナイルティラピアの養殖を勧められ、事後、タイでは大衆魚「プラー・ニン」として流通するやうになった。

その後も、昭和天皇崩御に伴ふ大喪の礼と今上天皇即位の礼に皇太子であったワチラロンコン国王が訪日し参列され、一方、天皇陛下が即位後の初の外国訪問先として平成三年にタイを訪問し、二〇〇六年（平成十八年）のプミポン国王即位六十年式典にも臨まれるなど、他国の王室と比べて格別深い交流が続けられ、それは日タイ友好親善の象徴ともなってゐた。三月五日、バンコクの王宮にお着きになった両陛下はプミポン前国王の棺と祭壇に深く拝礼され、僧侶の読経の間、まっすぐに祭壇を見上げてをられたといふ。

御製はまさにそのときの御心情をお詠みになったものであるが、半世紀に及ぶ信頼と親愛に満ちた温かい御交流の思ひ出が走馬灯のやうに御胸中を駆け巡ってゐたことであらうと拝察する。

皇后陛下御歌

旅

「父の国」と日本《にっぽん》を語る人ら住む遠きベトナムを訪《おとな》ひ来たり

天皇皇后両陛下が斉《ひと》しくベトナム訪問をお歌に詠まれたことは、この御訪問がいかに大きな意味を持ってゐたかを物語る。このお歌には「第二次大戦後、ベトナムに残留、彼地に家族を得、後、単身で帰国を余儀なくされし日本兵あり」とのお言葉が添へられてゐる。

両陛下との対面が叶った元残留日本兵の家族十五名は「父の国は私達にとっても母国。両陛下がベトナムに残された元日本兵の家族に心を寄せて頂いたことを有難く思う」と涙ながらに語った。御歌の「遠きベトナム」は家族らの「遠き日本」を慮る御表現でもあり、その距離を何とか縮めようとされる御心の反映と思はれてならない。この日家族らは、両陛下との対面によって、ほかの誰からも得ることのできない「父の国日本」の温かさを肌身に染みて感じ取ったことであらう。

両陛下のこの御訪問を契機として元残留日本兵の家族に対する関心が高まり、多くの関係者の支援によって、十月に家族の子供達十四名（六十二～七十二歳）の訪日が実現した。代表者が「長年の夢が叶った」と挨拶するとき、一同が咽び泣いた。支援団体のある代表者は「止まっていた時間がようやく動き出したようだ」と語った。

この年一月には安倍晋三首相もベトナムを訪問してをり、両陛下の御訪問はベトナムとの友好親善関係が一層深まるものと確信してゐるとの談話を発表してゐた。国際社会が厳しさを増す中で、両国の協力関係の強化がアジアの平和と安定について極めて大きな要因となってきてゐることは言ふまでもないであらう。

名

野蒜《のびる》とふ愛《いと》しき地名あるを知る被災地なるを深く覚えむ

野蒜は宮城県の景勝地松島湾の東方、東松島市の小さな町である。平成二十三年三月十一日の東日本大震災ではこの地域も強い地震とその後の大津波により甚大な被害を被った（東松島市の死者千四十七人、不明者七十五人）。

植物の野蒜はねぎに似た山野草で食用とされ、昔、野蒜摘みは春の風物詩の一つだった。

野蒜は御所の庭にも生えてをり、皇后陛下はよくお摘みになったといふ。

その素朴で愛らしい名前を数ある被災地の中に見出でられたときの驚きとそのことがもたらす新たな悲しみ。御歌が敢へて二文とされてゐるのには、思はず絶句せざるを得なかった御心情がそのまま表されてゐるやうに思はれてならない。

この地名は、愛ほしさと忘れがたい悲しみを伴って皇后陛下の御胸中に「深く」刻み込まれることとなった。

南の島々

遠く来て島人《しまびと》と共に過ごしたる三日《みつか》ありしを君と愛《かな》しむ

平成二十七年に発生した口永良部島（鹿児島県）新岳の噴火により、島民は全員、屋久島の仮設住宅等における避難生活を余儀なくされてゐた。

島民の避難生活を長く案じて来られた天皇皇后両陛下は、十一月、屋久島町を御訪問になり、避難者を見舞はれた。

屋久島町総合センターでは島民約六十人が出迎へ、両陛下は、その代表五人と懇談の時間をお持ちになった。避難者達は「小さな島を忘れずに来て下さった」と感謝し、両陛下は被災の労苦をねぎらはれたといふ。

両陛下は、その後、沖永良部島と与論島へも足をお運びになり、御訪問先の各所で多くの島民と歓談の機会を持たれた。

沖永良部島では特産のテッポウユリが香る中で島民の歓迎を受けられ、与論島では名所百合ヶ浜を視察されたほか、国の重要無形民俗文化財「与論の十五夜踊」も御鑑賞になった。再び戻られた沖永良部島では小学生の黒糖づくりや花卉生産者の圃場《ほじょう》などを御視察になった。

この離島御訪問は、平成二十八年八月御発表になったお言葉の中で「日本の各地、とりわけ遠隔の地や島々への旅も、私は天皇の象徴的行為として、大切なものと感じてきました」と述べられたとほりのお心の籠もった行幸であった。

この御歌は、「遠く来て」とあるから現地でお詠みになられたものであることがわかる。「三日ありしを」は、「たった三日しかなかったけれども、島の人々と過した三日間は実に充実した日々だった。そのやうな三日間に恵まれたことを」との御意であらうと拝察する。御訪問の最後の夜、両陛下は島で過された三日間の出来事についてしみじみと語り合はれたのである。「愛しむ」といふ御表現に、両陛下の御心の深さをお偲びしたい。

【歌会始】　お題「語」

御製

語りつつあしたの苑《その》を歩み行けば林の中にきんらんの咲く

キンランは文字どほり明るい黄色の花をつける野生蘭の一種である。よく似たエビネ蘭と違って特殊な土壌でしか生育しない。森林の下草刈りがなされなくなったことなどによる生育環境の悪化や愛好者の乱獲等により、いつしか絶滅危惧種になってしまったといふ。陛下はそのことを御存じなのであらう。滅びかねないデリケートな植物が健気に花を咲かせてゐることへの慈しみと安堵のお心を拝する。

皇后陛下御歌

語るなく重きを負《お》ひし君が肩に早春の日差し静かにそそぐ

皇后陛下は、御苦衷を誰にもお漏らしにならず象徴として粛々と務めて来られた天皇陛下の厳しい重責を思はれ、やがて御譲位により穏やかな日々をお迎へになるであらうことを御暗示になった。
平成の御代も三十年の正月となり、明るい日差しが降り注ぐ中で、天皇陛下を仰がれた皇后陛下は静かな眼差しを向けてをられる。

（『国民同胞』平成三十年二月号　**折田豊生**）

平成三十一年年頭ご発表

御製

第六十九回全国植樹祭（福島県）

生ひ立ちて防災林に育てよとくろまつを植う福島の地に

第七十三回国民体育大会開会式（福井県）

あらし迫る開会前《まへ》の競技場福井の人ら広がりをどる

第三十八回全国豊かな海づくり大会（高知県）

土佐の海にいしだひを放つこの魚《うを》を飼ひし幼き遠き日しのぶ

沖縄県訪問

あまたなる人ら集ひてちやうちんを共にふりあふ沖縄の夜

西日本豪雨

濁流の流るる様を写し出だすテレビを見つつ失せしをいたむ

皇后陛下御歌

与那国島

与那国の旅し恋ほしも果ての地に巨《おほ》きかじきも野馬《のうま》も見たる

晩夏

赤つめくさの名ごり花《ばな》咲くみ濠べを儀装馬車一台役終《やくを》へてゆく

移居といふことを

去れる後《のち》もいかに思はむこの苑《その》に光満ち君の若くませし日

【歌会始】　お題「光」

御製

贈られしひまはりの種は生え揃ひ葉を広げゆく初夏の光に

皇后陛下御歌

今しばし生きなむと思ふ寂光に園《その》の薔薇《さうび》のみな美しく

今年も元旦の新聞に御発表の御製と皇后陛下の御歌を拝して一国民として喜ばしいかぎりであった。一国の元首が国民に詩（短歌）でメッセージを伝へる国は世界広しと言へども我が日本以外にないのではないか。記紀万葉の時代から今日まで歌の調べを介した天皇と国民の心の通ひ合ひが日本の国柄の中心であった。敗戦と戦後思潮に毒されたマスコミによって天皇と国民の間が遮断されたかに見えた不幸な時代を経て、幸ひにも今日ではどの新聞にも御発表の御製と御歌が掲載されてゐる。

天皇の御心を知るといふことが国民としての大事な務めであると思はれるが、私達は御製あるいは折々に賜る御言葉を介さずには陛下の御心を知ることは難しい。それゆゑに心を込めて御製を拝誦するものである。

御製

第六十九回全国植樹祭（福島県）

生ひ立ちて防災林に育てよとくろまつを植う福島の地に

一読して平易なお言葉が並んでゐるお歌であるが、「生ひ立ちて」の初句に陛下ならではの深い思ひが込められてゐる。東日本大震災で大きな被害を被った福島の地に、緑豊かな国土を願はれつつ、クロマツをお植ゑになる今上陛下の御姿に胸が熱くなって来る。

天皇皇后両陛下は、大震災から七年を経た昨年六月十日に「育てよう希望の森をいのちの森を」を主題として南相馬市で行はれた第六十九回全国植樹祭に御臨席のため、六月九日から十一日にかけて福島県を行幸啓された。その時の御製である。大震災以来六度目の福島への御訪問である。

天皇陛下にはクロマツ、ケヤキ、スダジヒ、皇后陛下にはアカマツ、ヤマザクラ、ヤブツバキをお植ゑになった。続いて天皇陛下には津島マツ、飯豊《いひで》スギの種、皇后陛下にはベニシダレ、マルバシャリンバイの種をお手蒔きになった。

平成二十三年三月十一日に発生した東日本大震災は死者行方不明者一万八千四百三十二人、建物の全壊半壊は四十万二千四百五戸の大きな被害を齎した。その上、福島県は大津波による被害に加へ原発事故といふ特殊な困難な問題を抱へ現在も復興途上にある。

敗戦後、国土の緑化を強く念願された昭和天皇は昭和二十五年の第一回植樹祭（山梨県）にご臨席になり、それ以降、毎年各県で順次実施された植樹祭に臨まれたが、その昭和天皇の御遺志を今上陛下はまさしく受け継いでをられる。陛下が御即位後、初めての歌会始のお題は「森」（平成三年）であった。

なほ、東日本大震災の禍を受けた被災地をお詠みになったお歌は、この他にも八首（五五頁・

五七頁・七〇頁・八五頁・一三七頁参照）ある。合はせて拝唱したい。

第七十三回国民体育大会開会式（福島県）

あらし迫る開会前《まへ》の競技場福井の人ら広がりをどる

「あらし迫る」と詠み出されてゐるところに切迫した状況が察せられ、さうした中で「福井の人ら広がりをどる」とお詠みになってゐる。

両陛下は九月二十九日から十月九日まで行はれた第七十三回国民体育大会に御臨席もかねて九月二十八日から二十九日まで福井県に行幸啓になられた。当初は三十日まで御滞在の御予定であったが、台風二十四号の影響で開会式御臨席後の御日程をお取り止めになった。台風が近づき緊張した雰囲気の中で、両陛下をお迎へした喜びに心を弾ませながら「広がりをどる」福井の人々の姿が目に見えるやうである。

第三十八回全国豊かな海づくり大会（高知県）

土佐の海にいしだひを放つこの魚《うを》を飼ひし幼き遠き日しのぶ

天皇皇后両陛下には「第三十八回全国豊かな海づくり大会」に御臨席も併せて十月二十七日から二十九日まで高知県に行幸啓遊ばされた。

水産資源の保護と育成を目的として続けられてゐるこの大会は、海の幸をいただきながら生きてきた日本人が海の神に祈るのが主旨である。この大会に、陛下は深い御関心を寄せてをられる。両陛下から地元の水産関係者に、カジメ類、アサリ、ウナギ、アナゴがお手渡しされた。両陛下には漁船等による漁法を紹介する海上パレードにより歓迎を受けられたのち、放流行事会場では、豊かな水産資源の実りを祈ってイサキおよびイシダヒの稚魚を放流された。

長きにわたり魚の御研究を続けてをられる陛下は、イシダヒを飼育されてゐた幼少の頃を思ひ出されながら、イシダヒの稚魚を御放流あそばされたのである。

あまたなる人ら集ひてちやうちんを共にふりあふ沖縄の夜

沖縄県訪問

両陛下は三月二十七日から二十九日にかけて沖縄に行幸啓になられた。

二十七日那覇空港に到着され、出迎へを受けられたのに続いて、糸満市の県営沖縄記念公園内にある沖縄平和祈念堂で拝礼された。さらに同公園内の「国立沖縄戦歿者墓苑」で御供花されたのち拝礼された。

両陛下には、皇太子同妃両殿下として五回、御即位後五回訪問されてをり、此度の十一度目の行幸啓の際には沿道や御訪問先で約二万人が奉送迎した。

御到着の二十七日夜には、提灯奉迎が行はれ県民ら約五千人が提灯を手に両陛下をお迎へ申し上げた。その光景を「共にふりあふ」とありのままにお詠みになってゐる。平易なお言葉の並べられたなかに陛下のお喜びの御心があふれてゐる。

当夜、行在所近くの奥武山公園に集った人たちは提灯に明りを灯し、日の丸の小旗を手にして待機。八時頃提灯をお持ちになった両陛下の御姿を拝すと大きな歓声があがり、万歳三唱や国歌斉唱の声が響き渡った。両陛下には提灯をお振りになって御答礼。「大変大勢でありがとう。遠くで、応えられなくて、心苦しいことでしたが、皆さんの灯り、とてもきれいに見えました。遅い時間ですので、気をつけてお帰り下さい」とのお言葉が会場に伝達された。

濁流の流るる様を写し出だすテレビを見つつ失せしをいたむ

西日本豪雨

昨年六月二十八日から七月八日にかけて日本列島を襲った集中豪雨は、広い範囲に爪痕を残したが、ことに西日本を中心とする各県に多大なる被害を与へた。河川の氾濫、家屋の流失浸水、土砂崩れが発生した。広島県では砂防ダムが決壊して、岡山県だけでも一万四千棟の家屋が全半壊・浸水の被害を蒙った。高知県では総雨量が千八百ミリに達した。死者は全国で二百二十余人を数へた。
お歌には、豪雨の様をテレビでご覧になり、濁流に家屋や田畑が呑み込まれるのを痛切な御心で見つめてをられるご様子が表現されてゐる。陛下にとって「日本」は我が家であり「国民」は我が家族なのであると身に沁みて思はされる御製である。

皇后陛下御歌

与那国島

与那国の旅し恋ほしも果ての地に巨《おほ》きかじきも野馬《のうま》も見たる

陛下とご一緒に御公務を終へられた後、ご覧になった大きなカジキや野馬を懐かしく思ひ出してをられるお姿が目に浮んでくる。

晩夏

赤つめくさの名ごり花《ばな》咲くみ濠べを儀装馬車一台役《やく》終《を》へてゆく

「赤つめくさ」は草地や川の土手などに咲く多年草。「儀装馬車」とは、新たに日本に駐在する外国大使が、陛下に信任状を奉呈する際などに乗る馬車のことである。お役目を終へた馬車が「赤つめくさ」が咲くお堀端を走っていく。ある日の一瞬が美しく詠まれてゐる。

移居といふことを

去れる後《のち》もいかに思はむこの苑《その》に光満ち君の若くませし日

陛下は、御譲位後、赤坂御所にお移りになる。御公務に精励なされた御所での輝きに満ちた日々は、皇后陛下のみ胸に永く輝きを失はれないであらうことが察せられる御歌である。

【歌会始】　お題「光」

御製

贈られしひまはりの種は生え揃ひ葉を広げゆく初夏の光に

平成十七年に行はれた阪神淡路大震災十周年追悼式に御臨席になった際、遺族から贈られたひまはりの種が御所のお庭に生え揃ひ、み空に葉を広げてゆく様をお詠みになった。大災害を乗り越えて生きる「ひまはり」を見つめられる陛下の御様子に、被災者に寄せられる深い御心が拝察される。平成七年の大災害の際の御製「なゐをのがれ戸外に過す人々に雨降るさまを見るは悲しき」と合はせて拝誦したい。

皇后陛下御歌

今しばし生きなむと思ふ寂光に園《その》の薔薇《さうび》のみな美しく

「今しばし」と「寂光」といふ御言葉に「限りあるいのち」が暗示されてゐる。御園に射しくる穏やかな陽光に照された薔薇をご覧になって、残された日々を大切に生きていかうとされるお心が拝察される。いつまでもお健やかにと祈るものである。

（『国民同胞』平成三十一年二月号　**澤部壽孫**）

〈天皇陛下のおことば〉

この『平成の大みうたを仰ぐ 三』は、平成の御代にちなむ最終巻であり、左記五点の〈天皇陛下のおことば〉を掲げることとしました。

○「東北地方太平洋沖地震」に関するおことば（平成二十三年三月十六日）

この度の東北地方太平洋沖地震は、マグニチュード九・〇という例を見ない規模の巨大地震であり、被災地の悲惨な状況に深く心を痛めています。地震や津波による死者の数は日を追って増加し、犠牲者が何人になるのかも分かりません。一人でも多くの人の無事が確認されることを願っています。また、現在、原子力発電所の状況が予断を許さぬものであることを深く案じ、関係者の尽力により事態の更なる悪化が回避されることを切に願っています。

現在、国を挙げての救援活動が進められていますが、厳しい寒さの中で、多くの人々が、食糧、飲料水、燃料などの不足により、極めて苦しい避難生活を余儀なくされています。その速やかな救済のために全力を挙げることにより、被災者の状況が少しでも好転し、人々の復興への希望につながっていくことを心から願わずにはいられません。そして、何にも増して、この大災害を生き抜き、被災者としての自らを励ましつつ、これからの日々を生きようとしている人々の雄々しさに深く胸を打たれています。

自衛隊、警察、消防、海上保安庁を始めとする国や地方自治体の人々、諸外国から救援のために来日した人々、国内の様々な救援組織に属する人々が、余震の続く危険な状況の中で、日夜救援活動を進めている努力に感謝し、その労を深くねぎらいたく思います。

今回、世界各国の元首から相次いでお見舞いの電報が届き、その多くに各国国民の気持ちが被災者と共にあるとの言葉が添えられていました。これを被災地の人々にお伝えします。

海外においては、この深い悲しみの中で、日本人が、取り乱すことなく助け合い、秩序ある対応を示していることに触れた論調も多いと聞いています。これからも皆が相携え、いたわり合って、この不幸な時期を乗り越えることを衷心より願っています。

被災者のこれからの苦難の日々を、私たち皆が、様々な形で少しでも多く分かち合っていくことが大切であろうと思います。被災した人々が決して希望を捨てることなく、身体《からだ》を大切に明日からの日々を生き抜いてくれるよう、また、国民一人びとりが、被災した各地域の上にこれからも長く心を寄せ、被災者と共にそれぞれの地域の復興の道のりを見守り続けていくことを心より願っています。

○「象徴としてのお務めについて」のおことば（平成二十八年八月八日）

戦後七十年という大きな節目を過ぎ、二年後には、平成三十年を迎えます。

私も八十を越え、体力の面などから様々な制約を覚えることもあり、ここ数年、天皇としての自らの歩みを振り返るとともに、この先の自分の在り方や務めにつき、思いを致すようになりました。

本日は、社会の高齢化が進む中、天皇もまた高齢となった場合、どのような在り方が望ましいか、天皇という立場上、現行の皇室制度に具体的に触れることは控えながら、私が個人として、これまでに考えて来たことを話したいと思います。

即位以来、私は国事行為を行うと共に、日本国憲法下で象徴と位置づけられた天皇の望ましい在り方を、日々模索しつつ過ごして来ました。伝統の継承者として、これを守り続ける責任に深く思いを致し、更に日々新たになる日本と世界の中にあって、日本の皇室が、いかに伝統を現代に生かし、いきいきとして社会に内在し、人々の期待に応えていくかを考えつつ、今日に至っています。

そのような中、何年か前のことになりますが、二度の外科手術を受け、加えて高齢による体力の低下を覚えるようになった頃から、これから先、従来のように重い務めを果たすことが困難になった場合、どのように身を処していくことが、国にとり、国民にとり、また、私のあとを歩む皇族にとり良いことであるかにつき、考えるようになりました。既に八十を越え、幸いに健康であるとは申せ、次第に進む身体の衰えを考慮する時、これまでのように、全身全霊をもって象徴の務めを果たしていくことが、難しくなるのではないかと案じています。

私が天皇の位についてから、ほぼ二十八年、この間《かん》私は、我が国における多くの喜びの時、また悲しみの時を、人々と共に過ごして来ました。私はこれまで天皇の務めとして、何よりもまず国民の安寧と幸せを祈ることを大切に考えて来ましたが、同時に事にあたっては、時として人々の傍らに立ち、その声に耳を傾け、思いに寄り添うことも大切なことと考えて来ました。天皇が象徴であると共に、国民統合の象徴としての役割を果たすためには、天皇が国民に、天皇という象徴の立場への理解を求めると共に、天皇もまた、自らのありように深く心し、国民に対する理解を深め、常に国民と共にある自覚を自らの内に育てる必要を感じて来ました。こうした意味において、日本の各地、とりわけ遠隔の地や島々への旅も、私は天皇の象徴的行為として、大切なものと感じて来ました。皇太子の時代も含め、これまで私が皇后と共に行《おこな》って来たほぼ全国に及ぶ旅は、国内のどこにおいても、その地域を愛し、その共同体を地道に支える市井《しせい》の人々のあることを私に認識させ、私がこの認識をもって、天皇として大切な、国民を思い、国民のために祈るという務めを、人々への深い信頼と敬愛をもってなし得たことは、幸せなことでした。

天皇の高齢化に伴う対処の仕方が、国事行為や、その象徴としての行為を限りなく縮小していくことには、無理があろうと思われます。また、天皇が未成年であったり、重病などによりその機能を果たし得なくなった場合には、天皇の行為を代行する摂政を置くことも考えられます。しかし、この場合も、天皇が十分にその立場に求められる務めを果たせぬまま、生涯の終わりに至るまで天皇であり続けることに変わりはありません。

天皇が健康を損ない、深刻な状態に立ち至った場合、これまでにも見られたように、社会が停滞し、国民の暮らしにも様々な影響が及ぶことが懸念されます。更にこれまでの皇室のしきたりとして、天皇の終焉に当たっては、重い殯《もがり》の行事が連日ほぼ二ヶ月にわたって続き、その後喪儀《そうぎ》に関連する行事が、一年間続きます。その様々な行事と、新時代に関わる諸行事が同時に進行することから、行事に関わる人々、とりわけ残される家族は、非常に厳しい状況下に置かれざるを得ません。こうした事態を避けることは出来ないものだろうかとの思いが、胸に去来することもあります。

始めにも述べましたように、憲法の下《もと》、天皇は国政に関する権能を有しません。そうした中で、このたび我が国の長い天皇の歴史を改めて振り返りつつ、これからも皇室がどのような時にも国民と共にあり、相たずさえてこの国の未来を築いていけるよう、そして象徴天皇の務めが常に途切れることなく、安定的に続いていくことをひとえに念じ、ここに私の気持ちをお話しいたしました。

国民の理解を得られることを、切に願っています。

○平成最後の「お誕生日の記者会見」（平成三十年十二月二十日）

宮内記者会代表質問

問　天皇陛下として迎えられる最後の誕生日となりました。陛下が皇后さまとともに歩まれてきた日々はまもなく区切りを迎え、皇室は新たな世代が担っていくこととなります。現在のご心境とともに、いま国民に伝えたいことをお聞かせ下さい。

天皇陛下

この一年を振り返るとき、例年にも増して多かった災害のことは忘れられません。集中豪雨、地震、そして台風などによって多くの人の命が落とされ、また、それまでの生活の基盤を失いました。新聞やテレビを通して災害の様子を知り、また、後日幾つかの被災地を訪れて災害の状況を実際に見ましたが、自然の力は想像を絶するものでした。命を失った人々に追悼の意を表するとともに、被害を受けた人々が一日も早く元の生活を取り戻せるよう願っています。

ちなみに私が初めて被災地を訪問したのは、昭和三十四年、昭和天皇の名代として、伊勢湾台風の被害を受けた地域を訪れた時のことでした。

今年も暮れようとしており、来年春の私の譲位の日も近づいてきています。

私は即位以来、日本国憲法の下で象徴と位置付けられた天皇の望ましい在り方を求めながらその務めを行い、今日までを過ごしてきました。譲位の日を迎えるまで、引き続きその在り方を求めながら、日々の務めを行っていきたいと思います。

第二次世界大戦後の国際社会は、東西の冷戦構造の下にありましたが、平成元年の秋にベルリンの壁が崩れ、冷戦は終焉《えん》を迎え、これからの国際社会は平和な時を迎えるのではないかと希望を持ちました。しかしその後の世界の動きは、必ずしも望んだ方向には進みませんでした。世界各地で民族紛争や宗教による対立が発生し、また、テロにより多くの犠牲者が生まれ、さらには、多数の難民が苦難の日々を送っていることに、心が痛みます。

以上のような世界情勢の中で日本は戦後の道のりを歩んできました。終戦を十一歳で迎え、昭和二十七年、十八歳の時に成年式、次いで立太子礼を挙げました。その年にサンフランシスコ平和条約が発効し、日本は国際社会への復帰を遂げ、次々と我が国に着任する各国大公使を迎えたことを覚えています。そしてその翌年、英国のエリザベス二世女王陛下の戴冠式に参列し、その前後、半年余りにわたり諸外国を訪問しました。それから六十五年の歳月が流れ、国民皆の努力によって、我が国は国際社会の中で一歩一歩と歩みを進め、平和と繁栄を築いてきました。昭和二十八年に奄美群島の復帰が、昭和四十三年に小笠原諸島の復帰が、そして昭和四十七年に沖縄の復帰が成し遂げられました。沖縄は、先の大戦を含め実に長い苦難の歴史をたどってきました。皇太子時代を含め、私は皇后と共に十一回訪問を重ね、その歴史や文化を理解するよう努めてきました。沖縄の人々が耐え続けた犠牲に心を寄せていくとの私どもの思いは、これからも変わることはありません。

そうした中で平成の時代に入り、戦後五十年、六十年、七十年の節目の年を迎えました。先の大戦で多くの人命が失われ、また、我が国の戦後の平和と繁栄が、このような多くの犠牲と国民のたゆみない努力によって築かれたものであることを忘れず、戦後生まれの人々にもこのことを正しく伝えていくことが大切であると思ってきました。平成が戦争のない時代として終わろうとしていることに、心から安堵《ど》しています。

そして、戦後六十年にサイパン島を、戦後七十年にパラオのペリリュー島を、更にその翌年フィリピンのカリラヤを慰霊のため訪問したことは忘れられません。皇后と私の訪問を温かく受け入れてくれた各国に感謝します。

次に心に残るのは災害のことです。平成三年の雲仙・普賢岳の噴火、平成五年の北海道南西沖地震と奥尻島の津波被害に始まり、平成七年の阪神・淡路大震災、平成二十三年の東日本大震災など数多くの災害が起こり、多くの人命が失われ、数知れぬ人々が被害を受けたことに言葉に尽くせぬ悲しみを覚えます。ただ、その中で、人々の間にボランティア活動を始め様々な助け合いの気持ちが育まれ、防災に対する意識と対応が高まってきたことには勇気付けられます。また、災害が発生した時に規律正しく対応する人々の姿には、いつも心を打たれています。

障害者を始め困難を抱えている人に心を寄せていくことも、私どもの大切な務めと思い、過ごしてきました。障害者のスポーツは、ヨーロッパでリハビリテーションのために始まったものでしたが、それを越えて、障害者自身がスポーツを楽しみ、さらに、それを見る人も楽しむスポーツとなることを私どもは願ってきました。パラリンピックを始め、国内で毎年行われる全国障害者スポーツ大会を、皆が楽しんでいることを感慨深く思います。

今年、我が国から海外への移住が始まって百五十年を迎えました。この間、多くの日本人は、赴いた地の人々の助けを受けながら努力を重ね、その社会の一員として活躍するようになりました。こうした日系の人たちの努力を思いながら、各国を訪れた際には、できる限り会う機会を持ってきました。そして近年、多くの外国人が我が国で働くようになりました。私どもがフィリピンやベトナムを訪問した際も、将来日本で職業に就くことを目指してその準備に励んでいる人たちと会いました。日系の人たちが各国で助けを受けながら、それぞれの社会の一員として活躍していることに思いを致しつつ、各国から我が国に来て仕事をする人々を、社会の一員として私ども皆が温かく迎えることができるよう願っています。また、外国からの訪問者も年々増えています。この訪問者が我が国を自らの目で見て理解を深め、各国との親善友好関係が進むことを願っています。

明年四月に結婚六十年を迎えます。結婚以来皇后は、常に私と歩みを共にし、私の考えを理解し、私の立場と務めを支えてきてくれました。また、昭和天皇を始め私とつながる人々を大切にし、愛情深く三人の子供を育てました。振り返れば、私は成年皇族として人生の旅を歩み始めて程なく、現在の皇后と出会い、深い信頼の下、同伴を求め、爾来《じらい》この伴侶と共に、これまでの旅を続けてきました。天皇としての旅を終えようとしている今、私はこれまで、象徴としての私の立場を受け入れ、私を支え続けてくれた多くの国民に衷心より感謝するとともに、自らも国民の一人であった皇后が、私の人生の旅に加わり、六十年という長い年月、皇室と国民の双方への献身を、真心を持って果たしてきたことを、心から労《ねぎら》いたく思います。

そして、来年春に私は譲位し、新しい時代が始まります。多くの関係者がこのための準備に当たってくれていることに感謝しています。新しい時代において、天皇となる皇太子とそれを支える秋篠宮は共に多くの経験を積み重ねてきており、皇室の伝統を引き継ぎながら、日々変わりゆく社会に応じつつ道を歩んでいくことと思います。

今年もあと僅かとなりました。国民の皆が良い年となるよう願っています。

○「天皇陛下御在位三十年記念式典」のおことば（平成三十一年二月二十四日）

在位三十年に当たり、政府並びに国の内外から寄せられた祝意に対し、深く感謝いたします。

即位から三十年、こと多く過ぎた日々を振り返り、今日《こんにち》こうして国の内外の祝意に包まれ、このような日を迎えることを誠に感慨深く思います。

平成の三十年間、日本は国民の平和を希求する強い意志に支えられ、近現代において初めて戦争を経験せぬ時代を持ちましたが、それはまた、決して平坦な時代ではなく、多くの予想せぬ困難に直面した時代でもありました。世界は気候変動の周期に入り、我が国も多くの自然災害に襲われ、また高齢化、少子化による人口構造の変化から、過去に経験のない多くの社会現象にも直面しました。島国として比較的恵まれた形で独自の文化を育ててきた我が国も、今、グローバル化する世界の中で、更に外に向かって開かれ、その中で叡智《えいち》を持って自らの立場を確立し、誠意を持って他国との関係を構築していくことが求められているのではないかと思います。

天皇として即位して以来今日《こんにち》まで、日々国の安寧と人々の幸せを祈り、象徴としていかにあるべきかを考えつつ過ごしてきました。しかし憲法で定められた象徴としての天皇像を模索する道は果てしなく遠く、これから先、私を継いでいく人たちが、次の時代、更に次の時代と象徴のあるべき姿を求め、先立つこの時代の象徴像を補い続けていってくれることを願っています。

天皇としてのこれまでの務めを、人々の助けを得て行うことができたことは幸せなことでした。これまでの私の全ての仕事は、国の組織の同意と支持のもと、初めて行い得たものであり、私がこれまで果たすべき務めを果たしてこられたのは、その統合の象徴であることに、誇りと喜びを持つことのできるこの国の人々の存在と、過去から今に至る長い年月に、日本人がつくり上げてきた、この国の持つ民度のお陰でした。災害の相次いだこの三十年を通し、不幸にも被災の地で多くの悲しみに遭遇しながらも、健気《けなげ》に耐え抜いてきた人々、そして被災地の哀《かな》しみを我が事とし、様々な形で寄り添い続けてきた全国の人々の姿は、私の在位中の忘れ難い記憶の一つです。

今日この機会に、日本が苦しみと悲しみのさ中にあった時、少なからぬ関心を寄せられた諸外国の方々にも、お礼の気持ちを述べたく思います。数知れぬ多くの国や国際機関、また地域が、心のこもった援助を与えてくださいました。心より深く感謝いたします。

平成が始まって間もなく、皇后は感慨のこもった一首の歌を記しています。

ともどもに平《たひ》らけき代《よ》を築かむと諸人《もろひと》のことば国うちに充《み》つ

平成は昭和天皇の崩御と共に、深い悲しみに沈む諒闇《りょうあん》の中に歩みを始めました。そのような時でしたから、この歌にある「言葉」は、決して声高に語られたものではありませんでした。

しかしこの頃、全国各地より寄せられた「私たちも皇室と共に平和な日本をつくっていく」という静かな中にも決意に満ちた言葉を、私どもは今も大切に心にとどめています。

在位三十年に当たり、今日《こんにち》このような式典を催してくださった皆様に厚く感謝の意を表し、ここに改めて、我が国と世界の人々の安寧と幸せを祈ります。

○「退位礼正殿の儀」のおことば（平成三十一年四月三十日）

今日《こんにち》をもち、天皇としての務めを終えることになりました。

ただ今、国民を代表して、安倍内閣総理大臣の述べられた言葉に、深く謝意を表します。

即位から三十年、これまでの天皇としての務めを、国民への深い信頼と敬愛をもって行い得たことは、幸せなことでした。象徴としての私を受け入れ、支えてくれた国民に、心から感謝します。

明日《あす》から始まる新しい令和の時代が、平和で実り多くあることを、皇后と共に心から願い、ここに我が国と世界の人々の安寧と幸せを祈ります。

第二部

天皇皇后（現在の上皇上皇后）両陛下の御心を仰ぎて

皇室と国民―感応相称の精神世界―

（第五十七回「全国学生青年合宿教室」での講義、平成二十四年八月）

小柳　志乃夫

はじめに

今回の合宿教室が開かれてゐる、ここ阿蘇の国は、大昔、タケイワタツノミコトが治められてゐたと、昨日のレクリエーションのバスの中で聞きました。さて、それでは今の日本は誰が治めてゐるのでせうか。これは後でご紹介する加納祐五先生が出された問ひなのですが、皆さんはどう思はれますか。首相が治めてゐるのでせうか。確かに総理大臣が行政の長で、その政治的影響力が最も大きいのでせうが、野田首相が治めてゐると言ってもピンとこない、ましてや菅首相や鳩山首相がこの日本を治めたといふと、気持ちがをさまらない。これはしゃれでもなくて、本来「をさめる」といふのは乱れてゐるものを安定した状態にする、物事を落ち着けるべきところに落ちつける、といふ意味があるさうです。私自身は「をさめる」といふ語感にぴったりくるのは天皇陛下が治められてゐると思ふときです。そのとき、心がをさまるのです。消費税問題でも原発規制でも日常生活そのものに影響を与へるのは首相の方が大きさうですが、生活だけでない、もっと深いものが「をさめる」といふ言葉の語感にあるやうです。

そこで、私が連想するのが小説家でクリスチャンだった遠藤周作さんの言葉です。遠藤さんは生活と人生は違ふといひます。遠藤さんはある小説で、妻を亡くした男に、「自分には生活のために交わった他人は多かったが、人生のなかで本当にふれあった人間はたった二人、母親と妻しかいなかった」と語らせてゐます。生活といふと衣食住や世間的なつきあひといったイメージですが、人生といふと何か深いもの、生きる意味合ひといったものにつながる語感をもつやうに思ひます。また、生活といふのは生きる側面のみに焦点を当てた言葉ですが、人生は生のみならず死の方にもつながる感じがします。両者は密接につながってゐるが違ふ側面がある。だから、生活は豊かでも人生は空しいといふこともあるし、生活は厳しいが豊かな人生を送ってゐる人もゐる。なぜ、このやうな話をしてゐるかといふと、総理大臣は生活には影響するかもしれないが、天皇といふお方は我々の人生に意味を与へるご存在といふ感じをもつからです。天皇は遠藤さんのいふ「生活のために交わる人」ではないのです。遠藤さん自身にとっては母と妻の他にキリストがさういふ存在であったのでせう。

君民感応相称の精神世界

加納祐五先生は、昭和の初めに一高昭信会といふ国民文化研究会の母体になった学内団体に入られ、平成十九年に九十四歳で亡くなられた方です。『Belief that と Belief in』（国文研叢書）といふ名著を遺されましたが、その中で、日本の国柄について「日本の国柄の真髄は、測り知れない御心労のうちに心を開いて、日夜、国民の上を思はせられる天皇の御心に感応して、これにお応へしようとする国民との間の君民感応相称の精神世界にあるのである。そしてこのやうな世界をたしかに見きはめる秘訣は、自らの心を運んでものを考へることであるが、このことを今日の学問は、とかくしようとしないのである」とお書きになってゐます。

昨日、竹田恒泰先生が日本の歴史と皇室の有難さについて懇切なご講義をされ、日本の国柄について「君民一体」といふ表現をなさいました。それと加納先生が仰る「君民感応相称の精神世界」といふ表現は同じやうな意味と考へて頂いていいと思ひますが、「感応相称」といふ言葉――これはもともと聖徳太子のご著作である法華義疏においてお釈迦様が衆生に説法するときの様子を示した言葉です――は、「君民一体」に比して、天皇の御心に国民がお応へしようと、心が響き合ひ、通ひ合ふ感じがより強くこめられてゐるやうに思ひます。

加納先生は、この「感応相称」の世界を見きはめる秘訣は「自らの心を運んでものを考へること」だと言はれてゐます。私の学生時代、憲法の教授が何コマもかけて天皇否定論を講義しました。その時、天皇は国民を虫や草に見立てて歌を詠んでゐると教授は非難しました。虫に見立てたといふのは次の明治天皇の御製の二首目のことです。

虫（明治四十二年）

ひとりしてしづかにきけば聞くままにしげくなりゆくむしのこゑかな

虫声（明治四十四年）

さまざまの虫のこゑにもしられけり生きとしいけるもののおもひは

明治天皇がひとり耳をすませて虫の声を聞いてをられると、あちらこちらから虫の声が段々しげく聞こえてくる。高い声、低い声、澄んだ声、さまざまな虫が短い生命の歌声を秋の一夜に響かせてゐる。それは虫だけではない、人間も含めてすべての生き物が、さまざまな運命のもとで、限りある生命を精一杯生きようと声を響かせてゐる。この全ての生き物につながる思ひを、明治天皇は愛情と共感のお心の中にしみじみと感じ取られてゐる、さういふ印象を私自身はもちます。ところが、憲法の教授は天皇は人間といふ尊厳のある存在を虫になぞらへて蔑視してゐると批判したのです。この御製を読んでそんなことが少しでも感じられるでせうか。そこにも「自らの心を運んでものを考へることを今日の学問はしようとしない」一例が見られるのではないかと思ひます。

今日は君民感応相称の姿を、天皇と国民が直接に触れたご巡幸の歴史的な事実について、できるだけ当時の残された言葉をもとに、「心を運んで」辿ってみたいと思ひますが、その前にまづは「日夜、国民の上を思はせられる天皇の御心」とはどういふものであったかを御製に仰いでみたいと思ひます。

御製に仰ぐ天皇のお心

御製とは天皇が作られた和歌や漢詩のことで、歴代の天皇は特に和歌の詠作を大事にしてこられました。それはお心の修練であり、国民と心を通はす道でもあったと思ひます。

最初に孝明天皇の御製をご紹介します。孝明天皇は幕末の天皇で、明治天皇の御父様です。大地震、コレラの流行、御所の炎上と大変なご苦労をされましたが、何より、外国船の到来が大きな国難でした。アヘン戦争では当時の超大国の清もイギリスに侵略されました。日本をかうした列強の植民地支配から守り、独立を保つことが大きな課題となったのです。その独立の精神を示すのが攘夷といふ言葉で、孝明天皇はその点で徹底して攘夷でした。現代では攘夷論は偏狭で開国論は進歩的と見がちですが、それは一面的な見方で、当初の開国論の多くは外国の要求を穏便に処理しようといふ姿勢で、なしくづし的な開国といふ側面が大きく、ひいては独立の喪失につながりかねないものでもあったのです。

あさゆふに民やすかれとおもふ身のこころにかかる異国《ことくに》の船（安政元年〈一八五四〉）

御製はペリー来航のころ、朝夕に国民が平安に暮せるやうにと願ってゐるのに黒船の来寇が心配される、といふお心を率直に詠まれたものです。

次の御製は安政五年（一八五八）の御作と思はれます。当時、米国総領事ハリスの強圧的な要求を受けて、幕府は日米通商条約を締結する方針を決めますが、天皇はお許しにならなかった。外国の恫喝に屈せず、我が国本来の清らかな姿を守り、国民の平安を守るために、何より国中が心を一つにして問題に対処することを望まれたのです。

澄ましえぬ水にわが身は沈むともにごしはせじなよろづ国民

たとへ自分の身は濁った水に沈まうとも、国民だけは夷狄に汚させはすまい、といふ、身を捨てて国民を守る「捨身」の御決意を詠まれた御製です。「にごしはせじなよろづ国民」とは国民を強く思はれるお言葉です。孝明天皇は、黒船来寇以来、国家へのご加護を神々に祈られました。御製の多くは神様に捧げられた歌で、この御製も神宮御法楽の御製です。法楽とは、神仏の心を慰め加護を願ふ行事で、伊勢神宮の天照大御神に捧げられたお歌です。

神に捧げられたといふことは、嘘、偽りのないまことを詠まれた歌といふことでせう。さらに注意しておくべきは神に祈られることと国民を思ふことは一つのことだったといふ点です。と申しますのも、その祈られる神々は天照大御神以来の皇室の御祖先であり、国を守られ国民をいつくしまれてきた神々です。ご祖先のお心を大切にされることは国民を大切にされることであり、逆に国民を大切にし、国を守ることは神々がお喜びになることであったと思はれます。この神を畏れるまごころを示すのが同時に詠まれた次の御製です。

神ごころいかにあらむと位山《くらゐやま》おろかなる身の居《を》るもくるしき

この乱れた、あやふい国のありさまを天照大御神はどうご覧になってゐるだらう、こんなおろかな自分がこの難局に天皇の位にゐるのは心苦しいことだと、神々を前に揺れるお心をそのままにお詠みになったのです。

この孝明天皇と同様に捨身の思ひを詠まれた御製が昭和天皇にもあります。

終戦時の御製（昭和二十年）

爆撃にたふれゆく民の上をおもひいくさとめけり身はいかならむとも
身はいかになるともいくさとどめけりただたふれゆく民をおもひて

昭和二十年、ポツダム宣言受諾を巡って、軍部は徹底抗戦を主張しますが、昭和天皇は東京大空襲や原爆で国民が倒れていくのをご覧になって、御自身の安全を顧みず終戦のご聖断をなさいました。そのときの悲痛なお気持ちと強いご意志がこの御製に繰り返すやうに表現されてゐるのです。そして、終戦後、実際に連合国最高司令官マッカーサーとのご会見において、戦争の全責任は自分にあり、どのやうにしてもらってもよいが、国民を飢ゑさせないでもらひたい、と申し出られました。

かうした、時には捨身に至る、国民を思はれるご精神は平成の今上天皇にもうけつがれてをります。

阪神・淡路大震災（平成七年）

なゐをのがれ戸外《こがい》に過す人々に雨降るさまを見るは悲しき

なゐとは地震のこと、地震で家が倒壊したり、火事で焼き出されたり、余震に耐へなくなって、外で過ごさざるをえない人々、家を失ふだけでもさぞかしつらいことであらうに、さらに加へてその人々の上に冷たい一月の無情の雨が降り注いでゐる、その様を「見るは悲しき」とお心のままに結ばれました。

東日本大震災の津波の映像を見て（平成二十三年）

黒き水うねり広がり進み行く仙台平野をいたみつつ見る

「黒き水うねり広がり進み行く」といふお言葉はあの映像の情景そのままで、何も難しい表現ではないのですが、そのままに正確にとらへられてゐて息をのむやうなご表現です。その仙台平野を「いたみつつ見る」と、胸を痛ませながら目をそらさずにじっとご覧になったご様子が窺へます。

この二首の「見るは悲しき」「いたみつつ見る」といふお言葉には、孝明天皇の「にごしはせじなよろづ国民」といふ思ひに通ずる、国民に対する痛切なご愛情が感じられるのです。

仮設住宅の人々を思ひて（同右）

被災地に寒き日のまた巡り来ぬ心にかかる仮住まひの人

「心にかかる仮住まひの人」は、孝明天皇の「心にかかる異国の船」を思ひ起こさせます。状況は違ひますが、いづれも国民生活の安寧を祈られる天皇の御心が曇るのでせう。

先ほども申し上げた通り、この孝明天皇から今上天皇につらなる「国民の上を思はれるお心」は、そのまま歴代の天皇のお心にお応へになることでもありました。事実、今上天皇のご即位のときには「いかなるときも国民とともにあることを念願された昭和天皇の御心を心として務めを果す」とご決意をお述べになってをりますし、昭和天皇も大正天皇も即位のときに同様の言葉を述べてをられます。ご先祖の心を継承していかれたのです。神に仕へ、神をまつることが神の意を現実化、具体化することであるといふ「祭政一致」といふ天皇の政治のありやうはさういふものだと思はれます。

以上、数首ですが、御製を通して国民を思はれる天皇の御心を偲んでまゐりましたが、実際に天皇と国民とが直接に触れ合ふ機会が、常にあったわけではないのです。むしろ江戸時代の幕府は天皇と国民の結びつきを断たうとしてきた。それが大きく変ったのが明治時代であり、そしてその明治といふ時代の精神を端的に表明したものが、「広く会議を興し、万機《ばんき》公論に決すべし」といふ言葉に始まる『五箇条の御誓文』でありました。あの潑剌とした、堂々とした言葉がどれだけ新鮮に国民の心に響いたことか。ここに「上下《しょうか》心を一にして」皇室と国民が直接触れ合ふ機会を得たのです。その具体的な現れが天皇の御巡幸でした。

御巡幸と国民

天皇がご旅行など皇居の外にお出ましになることを行幸、皇后や皇太子の場合は行啓と申します。巡幸といふのは各地を回られるときに遣はれる言葉です。行幸は大和言葉では「みゆき」と申します。行幸といふ漢語は中国で天子が行く所は皆に幸ひがもたらされる、といふことからできた言葉ださうです。それは今上天皇の御製の「人々の幸願ひつつ国の内めぐりきたりて十五年経つ」にこめられた願ひでもあります。この御製は平成十六年の歌会始の御題「幸」で詠まれた御製で、御即位以来前年の平成十五年までに四十七都道府県全てを行幸されたことを詠まれたものです。この歌会始で皇后様は、「幸《さき》くませ真幸《まさき》くませと人びとの声渡りゆく御幸《みゆき》の町に」と「天皇陛下、お元気で」「天皇陛下万歳」といふ行幸の先々で響いた国民の声を詠まれてゐます。国民の幸を思はれる天皇陛下のお心と陛下を思ふ国民の心の響き合ひ――感応相称の姿が、実にうつくしくこの歌会始の御製と御歌にうたひあげられてゐるのです。

今日は今上天皇の行幸の話は致しませんが、昨日、竹田先生は震災地の国民をお見舞ひになる陛下のご様子は、丁度身内を見舞ふ親子にも似て、理由はないのに国民は皆陛下を仰ぐと涙を流すのです、と語られました。『天皇陛下がわが町に』(明成社)によれば、阪神大震災のときも被災民の方々が体育館に避難したところに両陛下がいらっしゃると、それまでの重たかった空気が払ひのけられたといひます。

さて、今日は明治と昭和の御巡幸をとりあげます。二つの御巡幸はその背景は大きく違ひますが、いづれも天皇の御心に国民が応へる中で、現実的な国造りの力を生んだものです。

幕府の制約や軍部の統制といふものが取り払はれて（戦後も占領軍の制約はありましたが）天皇と国民が直接に触れあふといふ感激を味はったのです。企業でも、スポーツのチームでも、人の組織が活力を生む上では心が一つになるといふことがどれだけ大事なことでせうか。御巡幸は、国民全体の心を一つにしたのです。明治の発展と日露戦争の勝利といふ奇跡、昭和戦後復興の奇跡、この近代日本の飛躍の根底に、この結びつきが生んだ力が働いたのです。

イ．明治の御巡幸

明治国家が「精神的に統一したのは巡幸であった」といはれます（渡辺幾治郎『明治天皇』）。明治の御巡幸の趣旨は、僻地の人々に『五箇条の御誓文』に示された天皇の御意志を知らしめるとともに、若い天皇に日本全国の様子をありのままに見ていただく、といふものでした。各地の御巡幸では、学校や病院の視察が行はれ、民情や産業について各県知事からの聴取があり、また、忠孝節烈、善行の人を表彰されました。『五箇条の御誓文』の「上下心を一に、盛んに経綸を行ふべし（心一つに新たな国造りを行っていかう）」といふお誓ひが現実化されたのです。御巡幸は六回行はれ、各地で大歓迎を受けられました。

第二回の明治九年の巡幸では東北、北海道へいらっしゃいました。このときは沿道の国民で詩歌を献上する人がたくさんゐたさうです。それも正式に献上といふのではなくて、お泊りになる行在所《あんざいしょ》の机の上や鴨居の上、座布団の下などにひそかに置いて天皇の御目に入れるといふことだったさうで、当時の国民の慎み深い様子が偲ばれて心ひかれます。この和歌や漢詩など数百に上る献詠を高崎正風《まさかぜ》（薩摩の武士、侍従番長、後に御歌所長）が「歌は人情風俗の写真であり、目に見えぬまごころを映し出すもの」として、いはばアルバムに代へて「上下のまこと互ひに通ひ親しまるる一端」にもなるだらうとまとめた、それが『埋木廼花《うもれぎのはな》』といふ歌文集です。その中から幾つか紹介しませう。

見目豊次（栃木県那須郡中井上村）農

ありがたきみゆきをろがみ立帰り稲を作りて御世《みよ》につかへむ

「このありがたい御巡幸の行列を拝んだ後は自分の仕事である米作りに励んで新しい明治の御代につかへまつらう」といふ歌です。ご巡幸を迎へる感激の中に、国民として自分がなすべき道が見出されるのです。

次の長歌は宮城県からの献上品であった一反の織物の中に巻き込まれてゐた歌です。意味は詳しくは取りませんが、その内容は、今回のご巡幸に感激し、「大君―天皇―のありがたい思ひにこたへるべく、末永い皇室のご繁栄を祈りつつこの反物を織りました」といふもので、明治天皇の御前で高崎正風が読みあげたところ天皇は「み気色《けしき》うるはしい」ご様子であったと記した歌です。読み上げますので、歌のしらべだけでも味はってみてください。

奥山照子（宮城県 平民） 梅津知教 妻

織物にそへて奉る歌

*安《やす》みしし 吾が大君は *久方《ひさかた》の あまつ御神（天照大御神）の みこころを 受けつぎまして
天下の 青人草《あをひとぐさ》（国民）を いつくしみ めぐみ給ひて あし原の 国やすかれと *天離《あまざか》る ひ
な（田舎）のさかひに はろはろと やそとものを（朝廷の百官）の おみたちを ひきゐまし
つつ いにしへに ためしもあらぬ 行幸《いでまし》を をろがみまつる かしこさは なにとあふがむ
尊きは なにとたたへむ あめつちの 神の恵みと 大君の みたまのふゆ（恩恵・加護）は
*うつそみの 世にあるきはみ *きもむかふ こころのかぎり つくしても 千重のひとへも い
かにして むくいまつらむ 天地と いやとほ長く とことは（永久）に みさかへまさむ
ことをしも ことほがひつつ *玉だすき 心にかけて おる機《はた》の いとひとすぢも みめぐみに
もれぬみいつ（ご威勢・ご威光）の み光りと あふぎたふとび しづの女《め》の しづはたぬのに
まきそへて たたへぞまつる かしこかれども

〈小柳註、*は枕ことば、（ ）は補記〉

万葉の古歌のやうな調べで、つつましやかで、力のある、実に心のこもった美しい歌だと思ひます。

小保内定身（青森県福岡村）農

昔よりためしもあらぬみちのくのけふのみゆきにあふぞ嬉しき

牧田藤五郎 妻

牧田登茂子（箱館 弁天町 平民）

嬉しさをなににたとへむ大君のおほみくるまをひなにむかへて

歴史上かつてなかった行幸に青森の人も北海道の人もその感激を歌に現したのです。「ひな＝鄙」は田舎のことで、かうした多くの献上歌を詠んで高崎正風自身も次の歌を詠んでいます。

君が世のさかり知られて陸奥《みちのく》のあら野の末に文の花さく

「文の花」とは薫り高い文化の花であり、言葉の花であり、心の花でせう。その花が東北の野に咲いたといふのです。昨夜の西郷隆盛のご講義に取り上げられた、西洋列強の「野蛮」に対して西郷の求めた「文明」の世界とは、実にこのやうな世界ではなかったかと思はれます。『埋木廼花』の序には巡幸の様子を「…御車の往過《すぐ》る所、野となく山となく、老を扶《たす》け幼を抱き、所せきまで群衆《むれつどひ》て拝み敬ひ奉るさま、幼児の父母を慕ふに異ならず…」と記してゐます。竹田先生の今上天皇の震災地行幸の情景と同様だったのです。

一方、御巡幸なさる明治天皇のお心は次の御製にも偲ばれます。

国民《くにたみ》のおくりむかへて行くところさびしさ知らぬ鄙《ひな》の長みち（「旅」明治三十五年）
うまごにやたすけられつついでつらむわれを迎へてたてる老人《おいびと》（「翁」同三十六年）
道のべにわれを迎へて立つ人のぬれもやすらむ雨のふりくる（「雨」同三十八年）
国民のむかふる見れば遠くこし旅のつかれもわすられにけり（「旅」同三十九年）

かうした御製や国民の歌を読んでをりますと、明治時代のおほらかであたたかい、悠々とした行幸《みゆき》の趣きが感じられるやうに思ひます。

ロ．昭和戦後の御巡幸

昭和戦後の御巡幸は趣きがちがひます。当時、国民は、家族の戦死・戦災死、傷病、大陸や戦地からの引揚げ、敗戦と占領による虚脱、空襲や原爆による住まひの炎上・喪失、食糧難と飢ゑ、インフレによる経済混乱など、最悪の状況の中にありました。さうした中に、天皇御自身が「この際は、全国を隈なく歩いて、国民を慰め、励まし、また復興のためにたちあがらせる為の勇気を与へることが自分の責任と思ふ」と決意され、周囲を動かして実現されたものでした。

昭和二十一年に始まり、行程三万三千キロ、総日数百六十五日に及びました、九州だけでお迎へした延べ人数は七百万人といはれます。おそらく全国では数千万人の国民が陛下をお迎へしたのであって、これは明らかに戦後復興の精神的原動力になったと思ひます。陛下が工場を訪ねられるとその後の生産が急増した、といふ話は多く残ってゐます。

この御巡幸を占領軍が認めたのはなぜかといふと、占領軍は天皇は神でなくただの人間であることを国民に示し、敗戦の苦しみにあへぐ国民が石でも投げて天皇の権威が泥にまみれればよい、といふ考へだったといはれます。しかし、実際は全く違ひました。明治天皇の御巡幸と同様に、あるいはそれ以上に熱狂して国民は天皇を歓迎したのです。乾いた地面に水が浸み透り、生気を取り戻すやうに国民に生きる力を、正しく生きる力を与へたのです。

ジャーナリストの徳岡孝夫さんは、戦後の御巡幸の場に居合はせた友人がその晩年に記した遺稿を紹介されてゐます。昭和二十二年大阪駅前のもみくちゃにされさうな群衆の真っただ中に、陛下がお供とも離れてお一人、引揚げ者一人一人を慰められたさうです。戦後の混乱したとげとげしい都市の日常の中で陛下をお迎へし、緊張してゐたその場の空気が、陛下が一人一人とお言葉を交されるうちにいつしか和んで、お発《た》ちになるときは自づと天皇陛下万歳の声があがったといふのです。徳岡さんの友人はそれまでのもやもやが晴れて尊皇派になった、と書いてをられます。(『お礼まいり』所載「昭和二十二年、大阪駅前」)

昭和天皇の御心の動きは次の三首の御製によく表されてゐます。

戦災地視察（昭和二十一年）

戦のわざはひうけし国民《くにたみ》をおもふこころにいでたちてきぬ
わざはひをわすれてわれを出むかふる民の心をうれしとぞ思ふ
国をおこすもとゐとみえてなりはひにいそしむ民の姿たのもし

一首目の国民を思はれる心、二首目の、その御心を受け止めて災ひを忘れて出迎へる国民、それをうれしくご覧になる御心、それはまさに感応相称の精神世界といへようかと思ひますが、この心響き合ふ中に、三首目の国を復興する新しい活力が生れ出るのです。

次に、御巡幸を迎へた国民の歌をいくつか紹介しませう。（出典、昭和天皇巡幸編纂委員会『昭和天皇巡幸』、日本の心を育むネットワーク〈ブログ〉『昭和天皇の全国ご巡幸』、保田與重郎『近畿御巡幸記』）

「お大事に」と優しきお言葉賜ひけり夢にはあらじ夢にはあらじ
深々と会釈を賜ふかしこさに頭上げ得で御足音きく
（国立浜田病院）看護婦　佐々木雪枝

陛下のお優しいお言葉とお姿に、「夢にはあらじ夢にはあらじ」と、看護婦さんのドキドキする鼓動が聞こえてくるやうな緊張と感激とが感じられます。

引揚の老いたる一人手を合せ拝みて泣きぬ君のみすがた

看護婦　川年豊子

外地からの引き揚げは本当に苦難の連続で、途中で家族を亡くした人も多いのです。この老人はどうであったでせうか、日本に帰ってきた感激をまた新たにかみしめられたことでせう。その老人とともに看護婦さんも陛下のお姿を仰いで心に泣いてゐるのです。

大君のみゆきかしこみ菊の香にましたる子らを我育てなむ

奈良市 中学校長 日夏嘉吉

国興すもとにやあらむ糧作る良き農夫にならむと思ふ

五位堂村　西村久男

校長先生は文化の香り高い子供を育てようと、農夫の方は良い百姓にならうと決意される。それは明治の『埋木廼花』に現された農民の思ひと同じ心であり、光景です。

すこやかにありたまひけり立ちたまふ大御姿になみだとどまらず

奈良市　西村千江子

昭和二十六年の近畿巡幸の時の歌ですから、戦後の混乱もやや落ち着いてきた頃と思ひます。戦前、戦中、戦後と陛下はどれだけご苦労をなさったことだらうと思ふと胸があふれて涙がとどまらない、といふのでせう。

民草のこころ一つに日の丸をかかげてむかふけふのよろこび　杜悦子

ご巡幸の当初は日の丸の旗を振ることも占領軍が許さない状況でした。こころ一つに国民が日の丸を振る。私の憲法の教授は国民を草に例へてゐると批判しましたが、この歌の「民草」といふことばには誇らかな思ひさへ感じられます。次は文章です。

「ほんの一瞬だったけれどこの陛下のお姿は一生私の眼底に焼きついて離れないでしょう。そうしてこの私の感激は、ちょうど幼な子が待ちわびたやさしい父に会ったそのままです」（八坂靖子、西日本新聞、昭和二十四年五月二日付）

これも『埋木廼花』序文の「幼児の父母を慕ふに異ならず」といふ明治の国民と同じ心であり、昨日の竹田先生のお話の通りです。

「今日本人はお互ひに分離してゐるが、陛下がお歩きになると、そのあとに万葉の古い時代にあった、なごやかな愛情の一致が甦って日本人が再び結びつく」（永井隆『天皇陛下にお会いして』）

永井隆博士は自身白血病で長崎の原爆にあひながら、被爆者の治療に尽し倒れた方で、陛下がその病床を見舞はれたのでした。この言葉は残念ながら孫引きなのですが、天皇がお歩きになると、空気は変り、懐かしい、なごやかな愛情の下に国民が一つに結びつくといふ、聖者の奇跡のやうな光景を永井博士は記したのでした。文芸評論家の保田與重郎も天皇をお迎へする国民の様子を「己の一番なつかしい純情に共通するものを陛下に対しては考へ奉るのである。陛下が出御される時、日本人はみなやさしいおもしろい大様な国民となる」（『近畿御巡幸記』）と記してゐます。いろいろな飾りを捨てたまごころで天皇に接するところに、太古の時代にもつながる、なつかしくて、おほらかな世界が生れるのでせう。

ハ．御巡幸に関して、現代に流行してゐる見方

以上駆け足で御巡幸の様子を見てきましたが、ここで、現代の学者や研究者たちがこの御巡幸をどのやうに見てゐるか、確認しておきたいと思ひます。次の文章はその中の代表的な例です。

「要するに近代日本では、…天皇や皇太子による行幸啓を全国レベルで繰り返し、支配の主体を訪問した地方の人々、狭義の政治から疎外されていた女性や外国人、学生生徒を含む人々に視覚的に意識させることを通して、彼らを「臣民」として認識させる戦略がほぼ一貫してとられていた」（原武史『可視化された帝国』）

支配の主体といふ言葉を除けば、一面の事実ではあるのですが、明らかに、著者は行幸に否定的な見方に立ってゐます。御巡幸を支配層の政治的パフォーマンス（人目を引く演技）であり、天皇支配確立の手段と理解するのです。企業の社長も就任したら全国の現場を回って従業員のことをよく知らうとするのは当然のことなのですが、そのやうに心を運ばうとはせずパフォーマンスと見るのです。かうした研究者の目には御巡幸について国民の多くのやうな内的な感激を持たないので、すべては外的な権力関係だけで見てしまふのだと思ひます。さういふ論者の特徴は（朝日新聞もさうですが）天皇に対して敬語を使はない点です。自分との精神的な関はりがないことがさうさせるのでせう。

さらに申せば、かうした天皇観には二つの背景があると思ひます。一つは、本来、人間は平等であるべきで、天皇といふ世襲の君主制度はをかしいといふ考へ方です。西洋の近代的概念のフィルターを通して日本の歴史と現実を見ようとするものです。もう一つは、戦後の占領政策の影響です。皇室と国民の結びつきや生者と死者の結びつきを断つことによって、日本の精神的な国力を弱めようといふ占領政策の意図に呼応し、天皇を否定的に解する論調です。

かうした視点からは皇室と国民の心の通ひ合ひは無視されます。その途端に「国民統合の象徴」といふ憲法の規定も実質をなくしてしまふわけですが、そこでは日本の歴史はどう見えてゐるのか。愛する国のために、愛する人のために犠牲になるといふ行為は――大震災でさういふ行為を多く目にしましたが――、僕らの胸を打ち、立派な英雄的行為だと畏敬の念を感じます。しかし、ここで愛する国、愛する人といふ、この〝愛〟から目をふさいでしまふと、単なる行為の犠牲的側面しか残らない。そこでは、英雄は犠牲者になるのです。今の研究者の多くはさういふふうに日本の歴史を見てゐるやうです。だから当たり前のやうに「国民は戦争の被害者」と言はれる。果してさう言ひ切れるのでせうか。大東亜戦争は天皇と国民が一つ心に戦った、だから本当に強かったのです。だから占領軍はこれを恐れてこの絆を解体しようとしたのです。それが歴史的な、精神史的な真実だと思ひます。

鹿児島湾上の聖なる夜景

ご巡幸に関連してもう一つ、忘れられない君民感応相称の世界を最後にご紹介したいと思ひます。

昭和天皇の侍従をされた木下道雄氏が侍従当時のエピソードを中心にまとめられた『宮中見聞録』といふ本に紹介された「鹿児島湾上の聖なる夜景」といふお話で、ご存知の方も多いと思ひます。それは先ほど言ったやうな現代の研究者が触れない話であり、政治的パフォーマンスといふ範疇にはどうしても整理できない出来事です。

時は昭和六年のことです。この阿蘇の近くで陸軍の大演習がありました。昭和天皇はその大演習に臨まれた後、鹿児島から海路で東京に帰られます。鹿児島の港に大勢の県民がお見送りする中で軍艦に乗られ、お立ちになった。夕刻のことです。出港して間もなく、木下さんは軍艦内の食堂で仲間と夕食をとってをられたのですが、ふと昔のことを思ひ出された。それは、陛下が皇太子時代に樺太に軍艦でご旅行されたとき、荒波の中を小舟をこいでお迎へに参上した老人があったのです。鹿児島湾は波もおだやかなので同様にお見送りの船が来てゐるかも知れないと思って、木下さんは食事を切り上げて甲板に出られた。既に日は暮れてゐて、誰もゐないと思ってゐた甲板の闇の中に一人の後ろ姿があった。近づいてみると、それは甲板に備へ付けられた望遠鏡のそばで直立し、挙手敬礼をされてゐる陛下のお後ろ姿でした。何かご覧になったのだらうと木下さんもその望遠鏡を覗いてみますが、明るいところから急に暗いところに出たのですぐには何も見えない。そのうちに薩摩半島の山々がぼんやりと見えてきて、目が慣れてくると、その水陸の境目、海岸線一帯に延々と続く赤い紐のやうなものが見え、その少し上の小高い所には数百メートルおきで点々と燃え盛るかがり火が見えたさうです。

その時、木下さんはすべてわかった。陛下のお船が沖を通過する時刻と知った村々の人々が、提灯や松明を持って海岸に立ち並び、また山に登って篝火を焚いて、皆で陛下をお見送りしてゐるのです。陛下はこれを望遠鏡で見つけられ、ただお一人、挙手の礼で沿岸一帯の人々にご挨拶をされてゐたのです。誰もゐない暗い甲板の上であります。木下さんは「何という聖なる光景であろう」と感動されます。そして、どうにか陸の人にこちらで気づいてゐる事を伝へたくて、艦長に事情を話し、全ての探照灯をつけてもらひます。探照灯が煌々と半島の山々や空や海を隈なく撫で回しました。後日談ですが、陸側でお見送りにきてゐた人たちは、突如として探照灯が照らされて、一同、思はず歓声を上げたといふのです。

実に美しい話です。鹿児島の人たちは天皇様が自分の村の沖合を帰って行かれると知って、陛下がお気づきになるかどうかはわからないが、盛んに篝火を焚いて皆でお見送りする。それに気づかれた天皇は遠くから挙手の礼をされる。自分の姿が相手に見える見えないではなく、届かないとわかってもさうされる。僕らといふより僕自身がさうですが、打算で動くことが多いのです。まず効果を考へるのです。しかし、ここには全くその影がないのです。天皇陛下にもないし、お送りする国民の方にもない。ただ、お互ひを思ふ真実の心だけが生きてゐるのです。「闇をも貫ぬく、まごころの通い路」と木下さんは表現されました。（『海上、暗夜の讃』）

実は、当時浜辺で陛下をお見送りをした鹿児島の村々の子どもたちの文章が残されてゐます。その一つを紹介します。

オメデタイ日

揖宿郡山川小学校尋一　コダマリヤウ子

テンノウヘイカノグンカンガ／山川オキヲトホリマス。
ハナビヤタキビヤチヤウチンデ／ハマベハキレイニテラサレテマス。
「バンザイ　バンザイ　バンザイ」
ミンナコヱヲソロヘテ／チカラヲイレテ／一シヤウケンメイイヒマシタ。
ワタシノウチノアカチャンモ／小サイオテテヲアゲマシタ。
テンノウヘイカノグンカンハ／ダンダンミエナクナリマシタ。
ワタシハカナシクナリマシタ。

小学生は周囲の空気を素直に吸って、それをそのまま素直に表現してゐるのだと思ひます。それは「オメデタイ日」でした。村の皆の心が高鳴ってゐるのです。赤ちゃんも万歳をする。「天皇陛下の軍艦はだんだん見えなくなりました。私は悲しくなりました。」ここにはもう付け加へる言葉もありません。陛下のまごころは幼子の心と響き合ってゐるやうです。

をはりに

今日お話ししてまゐりましたやうに、天皇の国民を思はれる御心は、孝明天皇から今上天皇まで変はらない、広くいへば皇祖皇宗から続く御心であり、お祭りをなさる御心と一つのものと思はれます。その御心に感じお応へした国民との触れ合ひの光景も、明治の御巡幸から、昭和、平成にいたるまでこれも一つにつながるものであり、しかもそこには記紀万葉のなつかしいおほらかな姿に帰る世界が見られるのです。かう見てきますと、天皇と国民の感応相称の精神世界とは、悠久の日本の歴史につながり、その深みを流れる世界と思はれてきます。

我々には天皇の御心を仰ぎ、この豊かな精神世界につながるすべとして、昔から御製を読むといふ道が与へられてゐます。この合宿教室の必携書『短歌のすすめ』の共著者でもあり、『歌人・今上天皇』といふ昭和天皇の御製に関する名著を出された国文学者の夜久正雄先生は、平成二十年に九十四歳でお亡くなりになりましたが、「国をおもふことが天皇陛下のお心をしのぶことと一致するのが日本の国の国がらではないでせうか」とお書きになってゐます。大事なご指摘だと思ひます。

自分のことを振り返りますと、身の周りのことで追はれる毎日です。さういふ自分にも陛下の御心をお偲びするといふ経路を通して国を思ふといふ道が開ける感じがすることがあります。国をおもふといふことは大事なことで、その思ひに日常勤しんでをられる立派な方は少なくないのですが、マスコミなどを見ると、国家を論じて無責任な言も多いやうに思はれます。しかし、陛下のことを思ふと、ここに確かに日本の国のことを本当に我が事のやうにお考へになり、その平安を日夜神々に祈ってゐる方がをられる、といふことが強く思はれます。ありがたいことです。そしてその御心を偲ぶよすがが御製によって与へられてゐるのです。御製を読むとは陛下の御心を直接自分が感ずることです。御製には瑞々しい、おほらかな御心が湛へられてゐます。特に明治天皇や昭和天皇の御製には様々なご感慨が詠まれてゐます。

当会の戦前の先輩の言葉に「御製拝誦するところに友あるを思へ」といふ言葉がありますが、先輩方は明治天皇の御製を拝誦し、そこにこの世を生きていくしるべを求められました。我々もまた御製を拝誦して、豊かな精神の世界を求めていきたいものだと思ひます。

（『日本への回帰』第四十八集所載、一部加筆）

新嘗といふこと—「霊性」の更新—

（第三十五回「新嘗を祝ふ集ひ」—平成三十年十一月—での講演）

山内　健生

わが故里「魚沼」

私の故里は新潟県の魚沼《うをぬま》市です。北魚沼、中魚沼、南魚沼の三郡があるのですが、北魚沼郡の二町四村が合併して平成十六年十一月に発足しました。私が生れたところは市内で人口が最も多い旧小出《こいで》町です。

魚沼とは、吉田東伍著『大日本地名辞書』（中巻、明治四十年十月刊の第二版）の「魚沼郡」の項を見ますと、「魚沼」の右に「イヲノ」、左に「ウヲヌマ」のルビが付いてゐました。そして、「和名抄、魚沼郡伊乎野《いをの》と注す、後世ウヲヌマと呼ぶは文字に依れる偽訓とす」云々とありました。『和名抄』は承平四年（九三四）頃成立の百科辞典です。それに記載されてゐるのですから、律令国家の奈良時代（八世紀）から続く歴史的な地名で、古くは「いをの」と訓《よ》んでゐたやうです。現在では「魚沼コシヒカリ」の生産地といふことで名前が通ってゐます。

生家は農業ではありませんでしたが、親戚が農家でしたので中学高校生の頃、田植ゑや稲刈りの手伝ひによく行きました。田植ゑでは早苗を一株づつ手で植ゑましたし、稲刈りも鎌での手仕事でした。昭和三十年代半ば頃のことです。今では田植機やコンバイン（穀物の刈り取りと脱穀を一緒に行ふ機械）による作業が当り前になって農作業も変りました。

現在では、収穫時、コンバインで刈り取ると同時に藁《わら》（稲穂のついてゐた茎の部分）は捨てられて、稲穂（籾《もみ》）だけを乾燥機に入れて送風して乾燥させます。以前だったら、稲穂のついたままの藁を束ねて二週間ほどお日様に当てて籾から水分を抜くので、稲刈りのあとでも大仕事が待ってゐました。

少し脇にそれますが、「稲架《はざ》掛けの作業」について、ひと言お話をさせてください。

畦道のあちこちには高さ六、七メートルの木（稲木《いなぎ》）が四、五本づつ植ゑられてゐまして、その木と木の上部は丸太で結ばれてゐます。そこに障子戸の桟《さん》のやうに荒縄が格子状に張られてゐて、そこに稲穂のついた藁束を掛けて乾すのです。ふつうは二人でやる作業で、稲木には梯子が掛けられてゐます。下から徐々に高くなりますから、一人が藁束を投げ上げて、梯子の上にゐる者が受け取って掛けます。私は手伝ひですから、もっぱら投げ上げるのが役目でした。しばらくすると、〝黄金色の屏風〟のやうな「稲架」が出現します。

黄金色の稲架は魚沼地方だけでなく、日本の農村の秋の風物詩でしたが、機械化が進んだ今では少なくなりました。稲架のことを魚沼では「はって」と呼んでゐました。〝黄金色の屏風〟が陽光を浴びて輝いてゐる光景は今思ひ起しても心が温《ぬく》くなりますが、逆に三日も四日も続く長雨に曝されて湿った稲架を思ひ出すだけでも胸が重くなります。

中学高校生の頃の懐かしい思ひ出です。

もうひと言、魚沼のお酒について触れさせてください。

魚沼のお酒と言へば〝八海山〟が全国的に有名です。八海山は山の名称で私が通った小中高の校歌には「八海山」がすべて詠み込まれてゐました。十月の末頃になると、八海山の頂上付近が白くなります。毎年、また雪の深い季節が近づいたんだなあと思ひながら、見上げたものでした。〝八海山〟の蔵元は、今は南魚沼市になってゐる旧六日町（南魚沼郡）にあります。この周辺も当然に「魚沼コシヒカリ」の産地ですし、標高千七百余メートルの八海山（および「中ノ岳」「駒ヶ岳」―どちらも標高二千メートル余―を含む「魚沼三山」）の雪どけ水が地下にしみ込み、あるいは魚野《うをの》川となって南から北へと貫流してゐます（「魚野川」の「うをの」は、前述の「和名抄、魚沼郡伊乎野《いをの》と注す…」云々と関連がありさうで、「いをの川」と呼ぶのが古称に近いかも知れません）。やがて信濃川に合流して日本海に入るのですが、その雪どけ水が美味しいお米を恵んでくれてゐて、その水とお米がまた清酒〝八海山〟を産み出してゐるわけです。この点は旧小出町のあたりも全く同様です。

小出には〝緑川〟といふお酒があります。横浜市の拙宅近くのスーパーの棚にも並んでゐますから、それなりのお酒のはずですし、〝八海山〟と同じ風土の中で醸《かも》されたものです。私ごとで恐縮ですが、『徳川家康』『小説明治天皇』『小説太平洋戦争』『吉田松陰』『伊達政宗』（執筆順）などの作品を書いた大衆小説家・山岡荘八は小出の出身で、実は私の伯父で母の兄です。歿後四十年で知る人も稀になりましたが、大変な酒好きで酒豪でもありました。帰省時、〝緑川〟を「ふーむ、やっぱり旨い」などと舌なめづりするやうに明け方近くまで飲んでゐたものでした。日本中の酒を飲んだと言ってもいい飲兵衛の伯父が「やっぱり、この酒だ」と舌鼓を打つやうにして盃をかさねてゐたのですから、「やっぱり旨い」は単なる故里自慢からの言葉ではなかったと思ってゐます。少し持参しましたので、後刻ご賞味ください。

日本のお米

世界のお米は、ジャポニカ米（日本型）、インディカ米（インド型）、ジャバニカ米（ジャワ型）の三つに大別されてゐます。

日本のお米は当然ジャポニカ米です。お米は南北アメリカやヨーロッパなどでも栽培されてゐますが、アジア地区に限って言へば朝鮮半島や中国東北部ではジャポニカ米を栽培してゐるやうです。タイ、ベトナム、インド、マレーシアなどではインディカ米です。平成五年の秋、細川内閣のときですが、冷夏による天候不順で不作となって、タイからお米を輸入しました。しかし、電気釜で炊いてもうまく軟かくならず、さらに炒飯にすれば食べられるといったことが話題になりました。日本のお米よりも細長く、とんがった形をしてゐました。ジャバニカ米はインドネシアなどで栽培されてゐます

日本での栽培ですが、明治以降の品種改良により栽培限界が北上して、亜寒帯気候の北海道でも可能となりましたが、逆に近年の地球温暖化による夏の異常高温で不稔現象が懸念されて耐高温品種の育成が課題となってゐます。もともとお米（稲）は熱帯性の植物のはずですから、それだけジャポニカ米（日本型）の質的独自性が深まったといふことではないかと思ひます。

かつて、お米はお金でもありました。大名の領地を石高《こくだか》で示しました。これは経済力を示すのですが、お米の収穫高で表したのです。租税も年貢としてお米で納めてゐました。

私が子供の頃、昭和三十年代の初めのことですが、母に「この米一升（一・五キロ）を寿司屋に持って行って握ってもらって来て」と言はれたことを覚えてゐます。その通りお店では一人前を握ってくれました。今では、どうでせうか。

お米（米飯）は、長い間、祭礼や節句などの特別なハレ（晴）の日の食べ物でした。普段のケ（褻）の日は糅飯《かてめし》と言って、大根や菜っ葉を混ぜ入れて、お米を節約したのです。結果的にこれは

健康的だったのです。

お米が亜寒帯の北海道で本格的に栽培されるやうになるのは明治以降ですが、耐寒品種の開発には多くの努力が重ねられました。そして、今では石狩平野まで当り前のやうにお米が収穫できるやうになってゐます。北海道での田地の開拓に屯田兵《とんでんへい》の果たした役割は見落せません。屯田兵とは北辺の守り（対露）の兵務と農事を兼務した兵隊のことです。

米食の普及、米食の日常化も明治以降です。江戸時代では、町方の裕福な商人や武家の上役は日常的にお米を食べてゐたかも知れませんが、一般にはあまり食べてゐませんでした。ですから、参勤交代で江戸にやってくると体調を崩して脚気になるのです。白米中心の食事になるので、ビタミンB1が不足するからです。当時は「江戸の病《やまひ》」と呼ばれて、国元に帰ると体調が戻るのでした。

明治時代になると、除草薬の使用や除草機具の発明などによって水田面積が拡大しましたが、それだけでなく徴兵制の導入も一要因となってゐました。

幕府時代は、戦国の乱世に逆戻りさせてはならないとして国内の泰平保持を念頭に、諸大名が割拠的に統治する「壁」の多き時代でした。しかし、幕末期、通商を求めて黒船が来航しますと、さうはいかなくなりました。黒船の来航は植民地化（国の独立喪失）の危機と背中合はせのものでしたから、紆余曲折を経ましたが、結果としては「壁」を取り払った統一的な中央集権の国民国家へと行き着きました。明治維新の一大改革です（その際、歴史的な天皇の権威の下に国論の一致が実現したわけですが、後述するやうに実に有難く幸《さいは》ひなることでした）。さうした中で、国民皆兵の徴兵令が布告され全国各地から若者が兵舎に集まることになったのです。軍隊では日常的にお米（白米）を給しましたから、故郷に帰っても毎日お米を食べたいといふことで田地が広がったといふことです。

日常的に白米を食べるやうになると脚気の問題が発生しました。特に軍隊で起きました。ドイツ医学を学んだ陸軍の森鷗外は脚気の原因は細菌ではないかとしましたが、イギリスで学んだ海軍の高木兼寛（東京慈恵会医科大学の創立者）は栄養の偏りではないかとしました。脚気論争ですが、高木によってお米に麦などを混ぜると脚気の発症率が下がってくることが突き止められたのです。二十世紀の初めまで、脚気の原因は分りませんでした。それまでに、鈴木梅太郎がオリザニンを発見して、糠《ぬか》の成分であるビタミンB1が大事だといふことが分ってくるのです。

従って、日清・日露の戦役のときは、脚気で亡くなった兵隊も多かったといふことです。体がだるくなるなどして、さらに悪化すると心臓まで調子がをかしくなり、死にいたることもある怖い病気でした。

みづほの国 ―斎庭の稲穂の神勅―

毎年、四月中頃になると、天皇陛下が種籾を播かれたとか、その一ヶ月後には、田植ゑをされたとかの報道に接します。九月には稲刈りをされたといふことも。皇居には田んぼがありまして、ご存知のやうに陛下は稲作りをされてゐます。このことは昭和天皇からとのことですが、その精神的起源は遙か神話の時代にまで遡ります。

わが国のことを「みづほの国」とも言ひます。辞書には「日本の美称」と出てゐます。『古事記』では「水穂《みづほ》の国」となってゐて、『日本書紀』には「瑞穂《みつ(づ)ほ》の国」とあります。みづみづしい稲穂の国といふことです。また、「瑞」といふ漢字には「めでたきこと」「よろこばしいこと」といふ意味がありますから、字義では「素晴らしい稲穂の国」ともなります。

「みづほの国」のフルネームは『古事記』では「豊葦原之千秋長五百秋之水穂国《とよあしはらのちあきのながいほあきのみづほのくに》」となってゐて、「葦原千五百秋之瑞穂国《あしはらのちいほあきのみつほのくに》」といふのが『日本書紀』です。葦は水辺に育つ植物で、すぐに生長します。強い生命力があります。かうした記紀の記述から、「生命力にあふれた、千年も千五百年も、長く久しく秋ごとにみづみづしい稲穂の稔る国」でありたいと願ふ先人たちの心根が伝はって参ります。それは先人たちのわが国土に寄せる祝福であり、後世への祈りでもあったと思ひます。

天照大御神の御孫・瓊瓊杵尊《ににぎのみこと》が地上界（葦原中つ国）に降って来られる「天孫降臨」の際に、三つのお言葉（神勅）を頂戴したといふ伝へがあります（『日本書紀』神代巻下）。その一つが次の「斎庭《ゆには》の稲穂の神勅」です。

吾が高天原に所御《きこしめ》す斎庭の穂《いなほ》を以て亦《また》吾が児《みこ》に御《まか》せまつるべし。

右の神勅は「高天原で育てた神聖なる稲穂を持たせるから、地上でこれを大切に生育させよ」といふ意味になります。かうした言依《ことよ》さし（ご委任）を受けて、瓊瓊杵尊は天降って来られたのです。「秋ごとに長く久しく『稔り豊かな国』」にするといふ使命を帯びて、瓊瓊杵尊は降臨されてゐます。

そして、瓊瓊杵尊―火折尊《ほをりのみこと》―鸕鶿草葺不合尊《うがやふきあへずのみこと》と代を累ねて（日向三代）、初代の神武天皇へと御系譜は続いて、百二十五代の今上陛下の御代にいたるのですが、その陛下が籾播きから、田植ゑ、稲刈りまでをなさっていらっしゃるのは、皇祖神・天照大御神から託された稲穂を年ごとに大切に育ててをられるといふことになります。皇居における稲作の精神的な起源は高天原にあるのです。神勅にあるのです。

皇后陛下が皇居内の御養蚕所で蚕《かひこ》をお飼ひになっていられるのも、その精神的起源は「高天原での神御衣《かむみそ》」にあります。

不安なく食べ物が手に入るといふことが日々の暮しの大前提です。陛下が作物の豊穣を常に祈られ、稲を栽培されてゐることの意味合ひには計り知れないほどの深さがあります。「恒産なくして恒心なし」と言ひますが、心の安定には何ほどかの物の裏付けが不可欠です。先づは食べ物の心配がないといふことでせう。瓊瓊杵尊が地上の葦原中つ国を「年ごとに豊かな稔りのもたらされる国」にする使命を帯びて降臨されたといふ伝へと陛下による稲作りを考へ合せますと、ここに国柄の根幹があるのではないかと思ひます。

私は一度、勤労奉仕で皇居の内苑に伺ひました。そのとき、皇居内の田んぼの周辺での作業がありました。十月の下旬でしたので、稲の刈り取りはすでに終ってゐましたが、ここで陛下は稲を栽培されていらっしゃるのかと、思はず田んぼの土に触《さは》りました。

ずっと以前のことですが、陛下のお米作りは農民の労苦を偲ぶためのものといふ新聞報道を目にしたことがありました。その面がまったくないとは言ひませんが、次元の違ふことなのです。たとへ百株あまりのお田植ゑ、お刈り取りであらうとも、「天孫降臨に由来する言依さしが現《うつつ》に生きてゐて実践されてゐる」わけですから、わが国の精神的伝統の深さと連綿性を語るものに他ならず、世界史的にも比較を絶することだと思ひます。

新嘗祭

本日、十一月二十三日は新嘗祭の日です。

宮中祭祀の中で最も重要なものが新嘗祭です。その年の稔りを天照大御神に奉告して、新穀で作ったご飯やお酒を陛下御自らお供へになって、御自身でもお召し上がりになる祭儀です。夕《よひ》の儀は午後六時から八時までとなってゐます。そして、午後十一時から午前一時までが暁《あかつき》の儀です。近年は、陛下がお歳を召されてゐることから、お出ましの時間が少し短くなってゐるとのことです。

陛下御自身でお育てになった新穀も供へられるといふことですし、それに先立つ伊勢の神宮の神嘗祭（十月十七日）には根付きのまま献進されます。かうしたことにも「瓊瓊杵尊が託《ことづか》った稲穂を今年も、お育てすることが出来ました」と申し上げられるといふ意味合ひがあるものと拝します。

ご承知のやうに、新嘗祭は年ごとのお祭りですが、御代替りによって御位を践まれた新天皇が最初になされる新嘗祭を大嘗祭と申します。一世一度の特別な祭儀といふことになります。新嘗祭は皇居神嘉殿《しんかでん》で斎行されますが、大嘗祭の場合は掘立て・萱葺きの大嘗宮《だいじょうきゅう》が新たに設《しつら》へられます。

大嘗祭の成文法的な起源は、養老二年（七一八）の養老令の中の「神祇令」にあります（大宝元年〈七〇一〉の大宝令「神祇令」とほぼ同文とされる）。そこには新嘗祭の文字はないのですが、新嘗祭そのものはそれ以前から行はれてをり、例へば『日本書紀』皇極天皇元年（六四二）

の記事に、「十一月《しもつき》、…丁卯《ひのとうのひ》に天皇新嘗御《にひなへきこしめ》す。是の日に、皇子《みこ》・大臣《おほおみ》、各《おのおの》自ら新嘗《にひなへ》す」とありますし、天武天皇六年（六七七）十一月の記事にも似たやうなことが記されをり、まだ他にもあります。さらに遡れば仁徳天皇四十年（三五二）にも「新嘗」のことが記されてゐます。『万葉集』所載の東歌にも「新嘗」を詠んだものがあります。

広く考へれば、秋ごとに稔りを神々にお供へする収穫恩謝の祭りですから古い古い時代から行はれて来たのは当然のことでせう。ただ、「神祇令」に「仲冬《なかのふゆ》　下卯《しものう》大嘗祭」と書かれてゐるやうに、法令的な起源がはっきりとしてゐるのは大嘗祭です。もっとも古くは大嘗祭と新嘗祭の区別はなく、天武天皇の御代に区別するやうになりましたが、その少し後に成立した令が記す大嘗祭の規定でも「天皇一世ごと」のものと「年ごと」のものとの両義がありました。

令の規定に「仲冬　下卯大嘗祭」とあるやうに、当然に新嘗祭も仲冬下卯（十一月の下《しも》の卯《う》の日）の祭儀でした。ただし、十一月に卯の日が三回来る年は中《なか》（二度目）の卯の日に行はれてゐて、十二支ですから十一月十三日〜二十四日の間（おほよそ毎年十一月二十日前後）に営まれてゐました。もちろん旧暦ですが。

なぜ卯の日だったのでせうか。「卯」といふのは方角では「東」、時刻では「午前六時」、季節では「春」です。一日の活動は東の方から朝早く太陽が昇ることで始まりますし、草木が芽吹くのは春です。活動的で生命力が蘇るといふことで、卯の日になったのだらうと言はれてゐます。これが冬至とも関連してくるのです。

今年（平成三十年）の暦《こよみ》を見ましたら、旧暦「十一月の下の卯、十九日」は、現在使ってゐる暦では「十二月二十五日」に相当します。ですから、かつては今の暦の十二月二十日前後、冬至の頃に新嘗祭が行はれてゐたことになります。太陽が衰へて昼の時間が最も短い冬至の日は、またお日様が再び蘇る起点の日であり、太陽の再生が始まる日でもあります。太陽の死と再生（復活）で、太陽が蘇る活動を始めるのが冬至なのです。

明治になって太陽暦に切り換へたのは明治六年からですが、この年の旧暦十一月の下の卯は新暦十一月二十三日でした。このことから、これ以降、十一月二十三日に固定することになったのです。

真弓常忠先生の『大嘗祭』（国書刊行会）には次のやうな記述があります。

新嘗祭は（中略）太古においてはおそらく冬至の日であったろう。その日の亥刻（午後十時）といえば、もっとも太陽が衰えた時刻である。その陽の窮まった果てに、忌み籠って夕御饌《ゆふみけ》をきこしめして日神の霊威を身に体し、子刻（十二時）には一たん退出されるが、暁の寅刻（午前四時）再び神嘉殿に御されて、朝御饌《あさみけ》をきこしめされて、一陽来復、復活した太陽＝日神とともに、天皇としての霊性を更新されて、若々しい「日の御子」「日継ぎ御子」として、現世に顕現されるものと解されるのである。

天皇陛下も肉体的にはお歳を召されるわけですが、国安かれ、民安かれと神々にお祈りになる陛下の霊的なお力は、年ごとにお歳を重ねられるにもかかはらず、生命力に溢れた新穀をお召し上がりなることによって、旧に復してゐるわけです。俗な譬喩になりますが、バッテリーを充電するかのやうに、衰へられた霊力が旧に戻って、常に若々しい日継ぎの御子として甦っていらっしゃるのです。

新嘗祭の本質は単なる収穫感謝祭にとどまらず、非常に土俗的で古代を彷彿させるところにあります。「太陽の復活、霊性の更新」に太古の思想が連想されます。

高層ビルが建ち並び、高速道路が交叉する近代都市・東京の真ん中の闇のなかで、篝火《かがりび》を頼りに、新たな稔りの品々をお供へして神恩に感謝しつつ、国家国民の安寧を祈願なされるお祭りが行はれてゐるのです。晩秋の冷気が迫りくる深夜、庭燎《にはび》のもとでご奉仕あそばされる祭儀を遙かに拝察申し上げるだにかしこきことと慄然とさせられます。

日本には常若《とこわか》の思想があります。伊勢の神宮の式年遷宮も、すべてを二十年ごとに一新するわけですから、霊性の更新に通じるものがあるのではないかと思ひます。何時お参りしても、お社は「築二十年以内」で「新しい」のですから。

冬至の祭りについてちょっと付言しますと、クリスマス（聖誕節）も、冬至のお祭りに由来してゐると考へられてゐます。イエス・キリストの誕生を祝ふのが十二月二十五日のクリスマスで、その前夜祭がクリスマス・イヴですが、キリスト教ではイエス・キリストを「義の太陽」the Sun of Righteousnessと呼びます。イエス・キリスト誕生の日は分らないはずですが、キリスト教信仰がヨーロッパに入っていった際、それ以前からの太陽信仰と習合して、冬至は衰へた太陽が再生・誕生する日ですから、イエス・キリストも太陽が蘇る日に生れたと考へられたのだといふことです。そして太陽のやうに遍く信徒に光を及ぼす存在として仰がれたといふことでせう。

深い泉の国―「新旧の不思議な共存」―

滞日五十年に及んだスイス人に、トマス・インモースといふ方がをります。上智大学のドイツ文学の先生で、昭和二十六年に来日して、平成十三年にスイスにお帰りになりましたが、帰国されて間もなくして亡くなられました。

そのトマス・インモース先生には、次のやうな「異文化の国・日本」について詠んだ詩がありあります。

深い泉

この国の過去の泉は深い。
太鼓と笛の音に酔いしれて
太古の神秘のうちに沈み込む。
測鉛を下ろし、時の深さを、わたし自身の深さを測る。

インモース先生はカトリックの神父でもありました。私は一度だけ、國學院大学の近くにあったお宅（教会を兼ねた質素な住宅でした）を一人でお訪ねして、お話を伺ったことがあります。カトリックは土地の信仰に対して敬意を表すところがありますが、敗戦後、靖國神社を残すように提言したと言はれるブルノー・ビッテルもカトリックの神父でした。インモース先生は比較演劇学者でもあり、日本ユングクラブの会長でもあり、スイスの新聞の日本特派員でもあって、多彩な顔を持ってゐました。日本会議がつくった昭和天皇御即位六十年奉祝のビデオにも登場されてゐます。知日派の西洋人といっていいでせう。

インモース先生には『深い泉の国「日本」―異文化との出会い―』（中公文庫）といふ対談本がありまして、その中で、日本人が当り前過ぎて見落しがちな日本の特質が述べられてゐます。例へば「新旧の不思議な共存。外国人が日本へ来て驚くのは、それですよ。近代科学の粋を集めた丸の内のビル街を、古風な祭りの行列がしずしずと進むのを見て、たまげてしまう（笑）」といった箇所です。われわれには近代的なビルと古来の祭礼が共存してゐて当然ですが、それを外国人の眼には不思議なことだったとしてゐるのです。

また「まだ漂っている神話的雰囲気」とも言ってゐます。インモース先生は宗教学者でもありました。国際宗教史学会でスウェーデンを訪れたとき、「主催者は古いものを各国からの学者にみせたいのだが、バイキングの墓と中世の御堂くらいしか残っていない。同じ学会が日本で開かれた年がありました。さあ、今度はありすぎるくらい。目移りがしてしようがない（笑）。たとえば三輪神社ではいまだに蛇をおがんでいます」とも述べてゐます。

三輪山をご神体とする大神《おほみわ》神社（三輪明神、奈良県櫻井市）には、三輪山に鎮まる大物主神の妻となった倭迹迹日百襲姫命《やまとととひももそひめのみこと》が夜しか訪ねて来ない夫のお顔を見たいと引き留め、朝になって見たら、「美麗《うるは》しき小蛇《こをろち》」であった云々といふ伝説があります（『日本書紀』崇神天皇十年条）。このやうな伝へがあるので、蛇の好物の卵が境内の各所に供へられてゐます。かうしたことから、インモース先生は「いまだに三輪神社では蛇をおがんでいます」と仰有ったのでせう。

われわれは「まだ漂っている神話的雰囲気」などと言はれると、「なるほどさういふことになるのか」と少々怪訝な感じがいたしますが、天上界の高天原で天照大御神がお隠れになったといふ「天《あま》の岩戸《いはと》」さへ地上にある（宮崎県高千穂町）のですから、蛇を三輪山の神の化身であるとして卵を供へることなど、われわれには特別なことではないのです。

そしてインモース先生は、日本を通して見えるヨーロッパの原始的意味を考察されてゐます。日本に来て、古来のお神楽などが続いてゐるのを見聞すると、ヨーロッパの田舎での妙な習慣だと思ってゐたものが、キリスト教以前の古い習慣の名残りだったといふことが分ったといふのです。そこで日本には古いものが生き続けてゐるとして、「深い泉」といふ詩を詠まれたのでせう。わが国を指して「深い泉の国」と呼称された慧眼には、まさに脱帽です。実にありがたいネーミングだと思ひます。

泉の源は目には見えませんが、地上に湧出する泉水によって、地上の生き物の渇きは癒やされます。現代に生きる日本人の内面生活は遙か太古から続く精神的基盤に支へられ裏付けられてゐる、日本とはさういふ国であるとして、「深い泉の国」と呼称されたのだと思ひます。

敢へて「深い泉」といふ詩の意味を記しますと、「祭礼の折、太鼓と笛の音にじっと聴き入ってゐると、遙か古《いにしへ》から続く音色が全身に染み込んで来るやうだ。いつ頃から奏でられて来たのだらうかと、日本の国の古さに思ひを馳せてゐると、いつとはなしに故国のことを思ってしまふ」となりませう。

測鉛とは水深を測る道具で、綱の先に鉛のおもりをつけたものです。少しづつゆっくりと垂らして深さを測ります。それと同じやうに、じっと耳を傾けながら日本の国の「時間」の深さを測ったが、それはそのまま自分自身の深さを測ることでもあったといふのです。滞日五十年のインモース先生は、日本の特質を右のやうに把握されて、それによって故国・スイスにも新たな理解の光が及んだのだと思ひます。

このことは他を知ることによって自らを知るといふことで、異文化交流の大切なあり方を示すものだと思ひます。他国文化を研究することで、それまで気付かなかった自国文化の特色が見えて来たといふことは大いにあり得ることです。この点では、ことに明治以降、われわれは反省すべき点が多々あるのではないでせうか。

「新旧の不思議な共存」と言へば、天照大御神の言依《ことよ》さし（ご委任）に由来する稲作りが、その稔りを天照大御神に奉告する新嘗祭が、平成の御代の現在に実際に行はれてゐることも、「新旧の不思議な共存」といふことなりますが、われわれには特に不思議なことだとは思ってはゐません。当り前過ぎて、現代の日本人はその意味するものを摑みそこねてゐるやうにも見えます。「新旧の不思議な共存」が驚くに値しないのは、天皇の御系譜が当り前のやうに太古から一貫して今日に連なってゐるからです。私は「新旧の共存」にこそ、わが国の特質があると思ってゐますし、「深い泉」の詩を遺されたインモース先生も、さう感じてをられたに違ひありません。

高層ビルが林立する近代都市・東京の真ん中での古来の新嘗祭ですから、視覚的にも見事な「新旧の共存」といふことになりますが、「二十一世紀の平成の御代での太古からの新嘗祭の斎行」と時間的に捉へた方がより本質的な「新旧の共存」となるのではないでせうか。

「新旧の共存」は、われわれのいろんな場面で経験することです。例へば東京都墨田区に立つ東京スカイツリー（平成二十四年二月竣工）。その高さは六百三十四メートルは、武蔵の国の「六三四《むさし》」にちなんだものだといふことですが、スカイツリーの建設にはさまざまな近代的技術が結集されたはずです。その先端的な技法技術によって建てられたのですが、着工の前には地鎮祭を行ってゐます。われわれは戸建住宅を建てるときでも、高層ビルを建設するときでも、新たに線路を敷くときでも、地鎮祭を行ひます。土地に鎮まってゐる神霊に工事の無事なる成就を祈ります。

土地に神霊が宿ってゐるといふのは宗教学的には原始未開社会の観念といふことになるのですが、スカイツリーを建てた技術陣の心裡には原始時代の観念が生きてゐたことになります。これも「新旧の共存」を示すもので、地鎮祭は国内のどこの建築建設現場でも目にしますから、日本人の心は今でも原始時代の観念につながってゐるのだと思ひます。

地鎮祭といへば普通は神主さんですが、日蓮宗のお坊さんによる地鎮祭を見たことがあります。拙宅の近くの戸建住宅の建築現場でしたが、団扇《うちは》太鼓の音とお題目の声にびっくりして見に行ったのです。四隅に竹が立てられてゐて、祭壇には一升瓶（お酒）が見えました。宗派によっては起工式と呼ぶところもあるとのことですが、いづれにしても、地鎮祭なしでは始まらないといふことでせう。

平城遷都千三百年記念祝典

八世紀の初め、和銅三年（七一〇）に、藤原京から平城京《へいぜいきょう》へと都が遷りました。所謂奈良時代の始まりですが、平成二十二年（二〇一〇）は奈良遷都から千三百年といふことで、同年十月、奈良市において記念式典が挙行されました。この式典について、拙著『「深い泉」の日本学』（展転社）で少し触れましたので読んでみます。

平成二十二年は西暦二〇一〇年で和銅三年（七一〇）の平城遷都からちょうど千三百年でした。

その年の十月八日には天皇皇后両陛下の御臨席の下、奈良市で平城遷都千三百年記念祝典が挙行され、翌九日、両陛下は元明天皇陵と光仁天皇陵を参拝されてゐます。元明天皇（第四十三代）は平城京初代の天皇であり、光仁天皇（第四十九代）は平城京最後の天皇でした。また祝典の前日には復原された「第一次大極殿」を訪ねていらっしゃいます。

大極殿は即位の大礼や朝賀（一月一日、天皇が臣下から祝賀をお受けになる儀式）、あるいは新羅や渤海からの外国使節の謁見などの諸儀が行はれたところです。記念祝典での「おことば」の中で「平城京について私は父祖の地として深いゆかりを感じています」とお述べになった今上陛下は、第百二十五代の天皇として、千三百年の時を隔てて遙か平城京の昔の八十代余り前の天皇の御代に思ひを馳せられたことと拝します。

今上陛下をお迎へして平城遷都千三百年の記念行事が実施されたことは新聞やテレビでもかなり大きく報道され、かうしたことをわれわれ日本人は当り前のことのやうに受け止めてゐますが、世界史的視野から見た場合、平城遷都以降「千三百年」の年数だけ見ても、わが皇室の連続性は他国にはない大変なことなのです。平城遷都から百年遡れば（中略）法隆寺ゆかりの聖徳太子の時代です。太子とは皇太子のことで、聖徳太子は推古天皇の皇太子でした。推古天皇が第三十三代ですから、その前に三十二代の天皇がをられる訳です。皇統（天皇のお血筋・御系譜）の連続性は「千三百年」どころではないのです。

右の拙文で最も言ひたかったことは、かうした式典が可能な国はわが国だけだといふことです。遷都千三百年記念祝典は復原された「第一次大極殿」の前庭で実施されました。発掘された礎石址に合せて古代の建造物を再建することは他国でもあり得ませうが、当時の建造物で儀式を執り行った天皇の千三百年後の子孫が、同じく天皇として同じ場所に復原された建造物を目にされてゐるのです。そして、奈良の都の最初の天皇と最後の天皇の御陵をお参りになっていらっしゃるのです。それだけでも、皇室は千三百年続いてゐるといふことで、世界史的な視点に立てばすごい連続性なのですが、さらにそのもっと前があるのです。新嘗祭に見られるやうに、遡って行けば神話の世界にまで連なってゐるのです。

日本古代史の泰斗・坂本太郎先生は『日本歴史の特性』（講談社学術文庫）の中で、「古代的なものが今に伝わってよく残っておる」、「伝統が長く続いておる」として、「日本歴史のいちじるしい特性」の第一に連綿性 continuity を挙げられてゐます。具体的には①皇統の連綿性②古来の神社と寺院③律令的な政治制度④文化財の保存の四点ですが、陛下が元明天皇陵、光仁天皇陵に御親拝になられた平成二十二年には、皇居皇霊殿で、東山天皇三百年式年祭（一月）、反正天皇千六百年式年祭（二月）、孝安天皇二千三百年式年祭（同）、應神天皇千七百年式年祭（四月）が営まれてゐるわけですから、坂本太郎先生が日本歴史の特性の第一の、そのまた冒頭に「皇統の連綿性」を指摘されたのは、まさにその通りと改めて納得させられます。

インモース先生の指摘された「新旧の共存」のひそみに倣へば、大極殿の復原にあたっては今日の建築構造上の安全性から免震装置が施されてゐるとのことで、言はば建築技術史上の「新旧の共存」があります。しかし、何よりも祝典において、「平城京について私は父祖の地として深いゆかりを感じています」と、陛下がお述べになった「おことば」こそが「新旧の共存」の生きた証ではないでせうか。

庭積机代物―天の下知ろしめす天皇―

新嘗祭では、陛下は神嘉殿にお入りになりますが、皇太子殿下は神嘉殿の隔殿に着座されるといふことです。

陛下が皇太子の御時に詠まれたお歌に左記のやうなものがあります。拝誦しますと、当夜のご様子が偲ばれます。

「新嘗祭　七首」　昭和四十五年

松明の火に照らされてすのこの上歩を進め行く古思ひて
新嘗の祭始まりぬ神嘉殿ひちりきの音静かに流る
ひちりきの音と合せて歌ふ声しじまの中に低くたゆたふ
歌声の調べ高らかになりゆけり我は見つむる小さきともしび

歌ふ声静まりて聞ゆこの時に告文読ますおほどかなる御声

拝を終へ戻りて侍るしばらくを参列の人の靴音繁し

夕べの儀ここに終りぬ歌声のかすかに響く戻りゆく道

松明《たいまつ》の灯りがゆれる中、篳篥《ひちりき》の音に合せて御神楽《みかぐら》が低く、或いは高く歌はれるのでせうか。さうした中で神饌がお供へされるのでせう。やがて歌ふ声が消えると、御告文を奏上される昭和天皇のお声が殿下のもとに聞えて来る…。

新嘗祭に際しては、掌典長から三権の長を初めとして閣僚、要職の公人らに「参集の御案内」が出されてゐるといふことですから、祭儀が終るとしばしの間、「参列の人の靴音繁し」となるのでせう。そして、お戻りになる殿下の背には、御神楽の歌声が徐々に遠くなっていく。

右のお歌からも、陛下のお心遣ひの細やかさが拝察されるやうに思はれます。

間もなく御位を践まれる皇太子殿下にも、新嘗祭について詠まれたお歌があります。

歌会始「静」　平成二十六年

御社の静けき中に聞え来る歌声ゆかし新嘗の夜

厳かに新嘗の祭りが進められる場は静かなだけに、御神楽の響きが一層趣き深く、殿下には感じられたといふことであらうと拝します。

ところで、新嘗祭では陛下のお膝下からの収穫が供へられたのですが、明治二十五年からは、全国の各都道府県から献納された米と粟が合せて供へられてゐます。あまり報道されませんが、毎年、十月下旬、各県を代表する農家が上京して一升ほどの米粟を献納します。皇居において新嘗祭献穀献納式が行はれてをり、式の最後には両陛下がお出ましになり、お言葉を賜るといふことです。

全国からの新嘗祭献穀は明治時代からの新例とのことですが、いかにも明治の統一した国民国家にふさはしい、明治の御代らしいことではないかと思ひます。

前述のやうに、年ごとの新嘗祭は神嘉殿でなされますが、新たに皇位を践まれた天皇の初めての新嘗祭、即ち大嘗祭では特に大嘗宮《だいじょうきゅう》（悠紀《ゆき》殿と主基《すき》殿）が仮設されます。そして、そこには地方民の生産物がお供へされるといふ伝統がありました。あらかじめ卜定《ぼくじょう》された悠紀国と主基国から供進されるのですが、平成二年十一月の今上陛下の大嘗祭の折は、悠紀国は秋田県で、主基国は大分県でした。

明治になって、秋ごとの新嘗祭に全国からの新穀が加はり供進されることになったやうに、大嘗祭においても悠紀国、主基国からの献納に加へて全都道府県からの生産物が献進されるやうになりました。これを「庭積机代物《にはづみのつくえしろもの》」と言ひますが、その北海道から沖縄県までの一覧表（左記）をお配りします。平成の大嘗祭の一覧表ですが、本日の「新嘗を祝ふ集ひ」にご参列の皆様の故郷からは何が献進されてゐたでせうか。私の生まれた新潟県からは「サトイモ、ナシ、サケ」でした。かうした新例が開かれた明治といふ時代は、国の自立独立が常に考へられた時代で、国の中心がはっきりと見えてゐたからだと思ひますが、国力が結集した時代でした。日清・日露の戦役を戦ひ抜いたのも諾《むべ》なるかなと思ひます。

静岡	茶 ミカン ワサビ シイタケ カツオ節
愛知	レンコン フキ ナシ 柿 ノリ
三重	茶 柿 ノシアワビ カツオ節 乾シイタケ
滋賀	茶 柿 小麦 干モロコ
京都	エビイモ（サトイモ） クリ 茶 スルメ
大阪	クリ ミカン エビイモ（サトイモ） 乾シイタケ チリメンジャコ
兵庫	丹波黒大豆 丹波グリ 兵庫ノリ 干ダイ
奈良	富有柿 ヤマトイモ 緑茶 吉野クズ
和歌山	味一ミカン 柿 干サバ
鳥取	ナガイモ 二十世紀ナシ 乾シイタケ 丸干イワシ スルメ
島根	西条柿 ワサビ 乾シイタケ 板ワカメ 岩ノリ
岡山	中国ナシ 鴨ナシ ツクネイモ 黒大豆 干タコ
広島	ミカン サヤエンドウ 干カレイ（でびら）
山口	温州ミカン 岸根クリ スルメ 干エビ 煮干イワシ
徳島	スダチ 乾シイタケ ワカメ
香川	はだか麦 富有柿 オリーブ 乾シイタケ 干エビ
愛媛	はだか麦 クリ ミカン 乾シイタケ 干ダイ
高知	乾シイタケ カツオ節 ユズ ブンタン
福岡	柿 ナス 乾シイタケ 干ダイ 干ノリ
佐賀	サガマンダリン 柿 レンコン ノリ
長崎	乾シイタケ ミカン スルメ 煮干 長ヒジキ
熊本	スイカ アールスメロン 茶 温州ミカン 乾シイタケ
大分	ゴボウ 秋冬ダイコン ピーナツ ワサビ クリ
宮崎	乾シイタケ 茶 キンカン カボチャ カツオ節
鹿児島	茶 ブンタン サツマイモ 早掘りタケノコ カツオ節
沖縄	パイナップル 茶 クロアワビタケ 乾燥ヒジキ

この一覧表を目にするたびに、私の瞼の裏には「国安かれ、民安かれ」を祈られる天皇の下《もと》

平成の大嘗祭における各都道府県からの庭積机代物

『週刊読売』増刊号、平成２年11月27日号。大嘗祭に先立って発売されたため、「予想される庭積机代物」となってゐましたが、この表の通り献進されたものと思はれます。

北海道	コンブ　干塩ザケ　菜豆（大正金時）　ジャガイモ（男爵）　百合根
青　森	ナガイモ　ゴボウ　リンゴ　サケ薫製　ホタテ干貝柱
岩　手	リンゴ　ナガイモ　乾シイタケ　干ワカメ　新巻サケ
宮　城	大豆　ハクサイ　キュウリ　リンゴ　干アワビ
秋　田	アズキ　キャベツ　大豆　スキヒラタケ　塩サケ
山　形	大豆　リンゴ　ゼンマイ　クリ　スルメ
福　島	リンゴ　ナシ　青ノリ　干マガレイ　干ゼンマイ
茨　城	ハクサイ　レンコン　乾シイタケ　シラスタタミ干　ワカサギ煮干
栃　木	カンピョウ　イチゴ　シイタケナシ　大豆
群　馬	コンニャクイモ　リンゴ　干シイタケ
埼　玉	小麦　ヤマトイモ　サトイモ　茶
千　葉	ピーナツ　サツマイモ　シイタケ　ノリ　カツオ節
東　京	キャベツ　ダイコン　ウド　シイタケ　テングサ
神奈川	茶　ピーナツ　ダイコン　キウイ　ノリ
新　潟	サトイモ　ナシ　サケ
富　山	大豆　サトイモ　リンゴ　干エビ　イナダ
石　川	サツマイモ　ツクネイモ　アズキ　ヤマイモ　干イナダ
福　井	柿　マイタケ　越前ウニ　若狭ガレイ
山　梨	ブドウ　柿　トマト　コケモモ　ヤマメの薫製
長　野	リンゴ　ナガイモ　ワサビ　寒天　乾シイタケ
岐　阜	富有柿　干アユ　乾シイタケ

にあって、天皇を斉しく仰ぐことで実現してゐるわが日本国家の歴史的な統合の姿が浮んで参ります。何と幸《さいは》ひなる国であるかと。歴史の恩恵とは、まさにかういふことを言ふのでせう。

　歴史的統合なき共産主義国家のイデオロギー支配のおぞましさを想像してみて下さい。「密告の奨励」と「強制収容所」によって秩序が維持されてゐたのです。「深い泉の国」の民の幸せが、いよいよはっきりするではありませんか。

　統合とは一つにまとまるといふことで、政治の場を例に考へれば政党間に「共通の土俵」

があるといふことだと思ひます。与野党が心おきなく論争できるのは統合が実現してゐるからに他なりません。与野党が口角泡を飛ばし合っても、国の分裂にはいたらないからです。強権に依らずして秩序が維持されて、われわれが枕を高くして眠れるのも統合が実現してゐるからです。その意味では、わが国は世界中で最も恵まれてゐると思ひます。

占領軍が起草して帝国憲法第七十三条に基づく改正といふ「擬制」の下で公布された問題多き現「日本国憲法」ですが、その第一条に「天皇は、日本国の象徴であり、日本国民統合の象徴」と占領軍スタッフをして書かしめた歴史の真実が、この一覧表から浮上して来るやうに思はれてなりません。「天《あめ》の下《した》治《し》ろしめす」「天《あめ》の下《した》知《し》ろしめす」天皇《すめらみこと》といふ記紀万葉以来の歴史的な尊称がありますが、まさに天の下を「お治めになる」＝「お知りになる」天皇といふことで、そこにはわが国の歩みの中核的事実（国柄）が語られ伝へられてゐるのだと改めて思ふ次第です。そのことを庭積机代物《にはづみのつくえしろもの》の一覧表に、現に仰ぐことができます。

次回の大嘗祭でも、北海道から沖縄県までのすべての都道府県からの収穫物がお供へされるはずです。それを想像するだけで胸がわくわくして参ります。わが故里、新潟県から今度は何が献進されるのでせうか。楽しみです。はやくその一覧表を目にしたいものです。

（季刊『國の防人』第九号所載、一部加筆）

補記

平成三十一年四月三十日、天皇陛下は御譲位になり、皇太子殿下が五月一日、新たに皇位を践まれました。同時に新元号「令和」が施行されました。御即位を内外に宣明される「即位礼正殿の儀」は十月二十二日に行はれます。

令和の大嘗祭は十一月十四日（卯）～十五日（辰）にかけて斎行されますが、それに先立って五月十三日には「悠紀国は栃木県」、「主基国は京都府」と卜定《ぼくじょう》されて、七月二十六日には大嘗宮造営ための「大嘗宮地鎮祭」が皇居・東御苑で行はれてゐます。

御即位にちなむ祭儀は種々ありますが、滞りなく厳修されることをお祈りするばかりです。

（令和元年八月一日記）

（『国民同胞』平成二十一年四月号）

天皇皇后両陛下ご成婚五十年を寿ぎまつる
―「昭和三十四年四月十日」のご婚儀から満五十年―

岸野　克巳

ご即位から二十年

本年平成二十一年は天皇陛下ご即位二十年、また天皇皇后両陛下ご成婚五十年の佳き年にあたります。両陛下ともおんすこやかに、この佳き年をお迎へになったことは、まことに喜ばしくありがたいことです。

平成二年十一月十二日、一点の曇りもない素晴らしい秋空の下、即位の大礼が行はれ、天皇陛下は内外に即位を宣明されました。名もなき民の一人ではありますが、私もその日、ご即位の盛儀をテレビで拝し、日本に生を得た喜びをかみしめてをりました。つい昨日のことのやうであります。

ご婚儀を思ひ返された皇后陛下のお言葉

日本中が「ミッチーブーム」に沸きに沸いたといふ両陛下のご成婚当時の様子となります

と、年若い私にはもはや知る由もありません。

今からちょうど五十年前の昭和三十四年四月十日、両陛下はご成婚の儀を挙げさせられました。けれどもご成婚後の歳月が決して平坦なものではなく、たゆみないご修養、ご研鑽の日々であられたことは、折々に示される御製、御歌やお言葉を通して、その涯《はて》なき厳しさをわづかとは申せ、うかがふことが出来るやうに思ひます。その中でも私にとって特に印象深かったのは、去る平成十六年、古稀を迎へられた皇后陛下が、お誕生日に際し記者団の質問に答へられたお言葉の中の一節です。

《もう四十五年も以前のことになりますが、私は今でも、昭和三十四年のご成婚の日のお馬車の列で、沿道の人々から受けた温かい祝福を、感謝とともに思い返すことがよくあります。東宮妃として、あの日、民間から私を受け入れた皇室と、その長い歴史に、傷をつけてはならないという重い責任感とともに、あの同じ日に、私の新しい旅立ちを祝福して見送ってくださった大勢の方々の期待を無にし、私もそこに生を得た庶民の歴史に傷をつけてはならないという思いもまた、その後の歳月、私の中に、常にあったと思います》（『皇后陛下お言葉集　歩み』）

わが国の悠久の歴史に思ひを寄せられたこのお言葉に、わけても「私もそこに生を得た庶民の歴史に傷をつけてはならない」といふ厳しいご決意に、「ああ、皇后陛下は国《くに》つ神《かみ》のご代表として皇室にお入りになったのだな」と、私は直感し、今の世に『古事記』『日本書紀』が伝へる神話の世界が甦ってきたといふ言ひしれぬ感動を覚えました。

皇祖の神々の神婚、聖婚

天照大御神のご命令により、皇孫瓊瓊芸命《ににぎのみこと》（瓊瓊杵尊とも表記）は天上の高天原から地上の国（豊葦原水穂《とよあしはらのみづほ》の国《くに》）に天降りされました。日向の高千穂の峰に宮居を定められ、国の統治を始めるにあたって、瓊瓊芸命がまづなされたのは、国つ神、即ちもともと地上の国にいました神々のうちから、第一の乙女を求め、后とされることでした。

《天孫《あまつかみのみこ》又問ひて曰《のたまは》く、其秀起《そのさきた》つる浪穂《なみほ》の上《うへ》に、八尋殿《やひろどの》を起《た》てて、手玉《ただま》も玲瓏《もゆら》に織経《はたを》る少《をと》女《め》は是《こ》れ誰《た》が子女《むすめ》ぞや。答へて曰《まを》さく、大山祇神《おほやまつみのかみ》の女等《むすめたち》、大《あね》を磐長姫《いはながひめ》と号《い》ひ、少《おと》を木花《このはな》開耶姫《さくやひめ》と号《い》ふ。亦《また》の号《みな》は豊吾田津姫《とよあたつひめ》と、云々《しかじか》。皇孫因《すめみまよ》りて豊吾田津姫を幸《め》す》

（瓊瓊杵尊は又お尋ねになりました。「波頭が白く立つあの海の上に大きな御殿を建てて、手玉もころころと機織る少女はどの神の娘だらうか」。お答へ申しますに、「大山祇神の娘たち、姉は磐長姫、妹は木花開耶姫、またの名は豊吾田津姫です」と、云々。そこで瓊瓊杵尊は豊吾田津姫を后として召されました）

（『日本書紀』巻第二　神代下）

木花開耶姫は、桜花満開の様子にも、また霊峰富士にも喩へられるわが国第一の美しい女神にましますが、顔かたちの美しさだけでなく、「手玉《ただま》も玲瓏《もゆら》に織経《はたを》る」、手仕事の音の正しさに、魂の高さを認められて、后としてお召しになるといふ、この『日本書紀』の伝へに、私はたいへん尊いものを感じます。

また人皇初代神武天皇が大和の国橿原の宮に即位された後、皇后伊須気余理比売《いすけよりひめ》をお召しになった様を『古事記』は次のやうに伝へてゐます。

大和の国の高佐士野《たかさじぬ》に行幸された神武天皇は、そこに野遊びしてゐる七人の乙女に出会ひます。この時、天皇に随従してゐた大久米命《おほくめのみこと》は、歌詠みして天皇にお尋ね申し上げます。

大和《やまと》の高佐士野《たかさじぬ》を七行《ななゆ》くをとめども誰《たれ》をし婚《ま》かむ

（大和の高佐士野を七人で行く乙女たち。そのうちの誰をお后になさいますか）

彼女たちの先頭に立ってゐる伊須気余理比売を見初められて天皇のお答へになった御製。

かつがつもいや前立《さきだ》てる兄《え》をし婚かむ

（まあ、言ふなら、あの先頭に立ってゐる一番年上のお姉さんあたりがよからうか）

御製の初句「かつがつも」は、「まあまあ。不本意ながら」の意味である由ですが、后選びに際しての気負ひ、照れが表れてゐるやうで、まことに微笑ましい情景が浮かんできます。

いにしへの大和の春の野、野遊びする乙女たち、羞らひを含みつつ求婚される若き天皇。匂やかに美しい一幅の絵であります。

神婚、聖婚の今日的意味

いまこのやうに皇祖の神々の神婚、聖婚の伝へを振りかへってみた訳ですが、これらの伝へは、ただに美しいばかりでなく、むしろ今日においてこそ切実な意味を持ってゐる、と私は思ひます。

邇邇芸命が天降りされる以前のわが国は、《多《さは》に蛍火《ほたるび》の光《かがや》く神《かみ》、また蝿声《さばへ》なす邪《あや》しき神有《あ》り。また草木咸《ことごとく》に能《よ》く言語《ものい》ひ、《いたくさやぎてありけり》といふ有り様だったと、『古事記』『日本書紀』は伝へてゐますが、悪神跳梁し、世に災ひが満ちみちてゐた様が想像されます。神武天皇のご即位も、日向の国を進発し、大和へ向かふ東征の途次、幾多の困難を乗りこえ、最後には神助を仰いだ末に漸く成し遂げられたものだったことが、古典には生々しく伝へられてゐます。

あまたの困難を乗りこえた末に、木花開耶姫、伊須気余理比売といった、わが国第一の乙女を求め、后とされるといふこの建国神話はいったい何を物語ってゐるのでせうか。

天つ神と国つ神とが、血統においても、魂においても、深く固く結ばれ一致協力してゆくこと。この「むすび」が、様々の災ひを払ひのけ、国の礎を太く強く確かなものとなし、国のいのちを生き生きと甦らせる力となる、これこそが、わが建国神話の秘鍵であると私には思はれます。

国史未曾有の敗戦の憂き目を見た現在のわが国もたいへん厳しい苦難の中にあると申せませう。なるほど現在われわれは平和と繁栄を享受してはをりますが、国威は地に堕ち、道義は退廃し、「草木能く言語《ものい》」ひ、「いたくさやぎてあ」る災ひ多き世、天降り以前の世界に比せられる、暗夜の如き苦しみのただ中にゐるとも言へるのです。

五十年前、皇室は長い伝統を破って、「初の平民出身の妃」を迎へ入れました。「皇室の民主化」「開かれた皇室の実現」とマスコミはもてはやしましたが、このご婚儀はそのやうに底の浅いものに過ぎなかったのでせうか。

決して然らず。

冒頭に掲げた皇后陛下のお言葉に、私は記紀神話の伝へを直感したのですが、この五十年の御歩みを辿ってみますと、暗夜の如き世にあって、わが国第一の乙女を求め、見出され、深く固く結ばれてゆく、建国神話が再び目の前に繰り広げられてゐるのだといふ不思議の感を覚えずにはをれません。

今上陛下のご婚儀に息づく建国神話

今上陛下のご婚儀には、先帝陛下昭和天皇の深き慮りがましましたことは申すまでもないでせう。しかし、私にはなほその奥に、尊い「神慮」といふべきものが働いてゐると思はれてならないのです。皇族華族以外の家柄からお后が皇室に入られたのは新時代を意味するかのやうに受け止める向きがありますが、この歴史の流れの底には、建国神話が深々と息づいてゐます。わが国の霊性の根源である建国神話に立ちかへることで、国のいのちを甦らしめるといふ、ご神業が展開する様を、いま私どもは目の当たりにしてゐるのではないかと畏まれるのです。

尊き皇祖の御心を心として、常に国民の幸福を願ひ、日々御祭りにつとめてをられる陛下の御姿を、暗闇を打ち払ふ暁の光、尊い光明と拝し、ただ讃仰、敬仰の思ひに打たれるばかりです。

陛下を仰ぎ奉る時、私どもはわが国に生れた喜びに満され、国のいのちの再び甦らんことをこころ素直に信ずることが出来るのです。これこそまことの幸福と申せませう。

ご成婚五十年の佳節にあたり、大御代の弥栄を祈り奉りつつ、謹んで一文を草し、奉祝の微意を申し上げる次第です。

天皇のおことば「みことのり」に思ふ―「国のいのち」を貫くもの―

（『国民同胞』平成二十二年六月号）

内海　勝彦

当会の先輩会員が主宰する「日本の国柄と皇室に関する研究会」に参加するやうになって二年近くなる。この会では、明治神宮編『明治天皇のみことのり』を主要テキストに、明治以降の歴代天皇の「みことのり」の勉強（一語一語の意味を辿って、さらに全体の文意を尋ねる）と会員の研究発表（参加者が交代で準備して来る）の二部構成となってをり、日頃忙しく働いてゐる自分にとって、二ヶ月に一回のこの勉強会は歴史的文書でもある御詔勅をじっくり読み味はふ有難い時間となってゐる。

「みことのり（詔勅）」とは、天皇のおことばである。内容により「御誓文」「詔《みことのり》」「詔書《しょうしょ》」「勅語」「勅諭」等と区別されるが、今上天皇のそれは「おことば」と称されてゐる。

みことのりは、原則として、内容に応じてその事を主管する官庁が起草し、内閣の法制審査部門で検討・修正され、閣議を通って、初めて天皇が御覧になる。もしご不審の点や御心に沿はない部分があればさらに修正されて公にされるのである。昭和二十一年一月一日の「年頭、国運振興の詔書」において、冒頭に「五箇條の御誓文」をおかれたのは昭和天皇の深い御叡慮であったことは有名な話である。つまり、みことのりの内容は内政外交全般に亘り、国家運営の指針となるものであり、その時代の国内外社会の情勢を直接・間接に反映するものであって、天皇の御心のあらはれと言へる。この意味で、御製と共に、大御心を直接偲ぶことができる大切な導きとなるものである。

ところで、昨年十月二十三日、岡田外相が閣議後の閣僚懇談会で国会開会式での天皇陛下のおことばについて「陛下の思いが少しは入った言葉がいただけるような工夫を考えてほしい」旨の要望を宮内庁向けにしたとの報道があった。実際は開会式でのおことばは閣議を経てゐるのであり、筋違ひの話であったことは間もなく露呈したが、加へて鳩山首相の「岡田大臣がそのように考えたんだと思いますが、やはりこれは天皇陛下のお心がどうであるかということはなかなか推し量れませんので、申し上げることはない」旨のコメントには失望したといふより驚いた。

この直後の国会開会式（十月二十六日）でのおことばは左記のやうに通常の通りであった。

「本日、第一七三回国会の開会式に臨み、全国民を代表する皆さんと一堂に会することは、私の深く喜びとするところであります。

ここに国会が、当面する内外の諸問題に対処するに当たり、国権の最高機関として、その使命を十分果たし、国民の信託にこたえることを切に希望します」

陛下はお立場から、政治的、党派的な発言をなさらぬやうに心がけてをられるから国会開会式のおことばに一定の制約があるのは当然であらう。しかし、たとへ文面は同じやうであったとしても、陛下は国民の代表たる議員を前にして、国の行く末に御心を馳せられながら、国民の幸福のため負託に応へてほしいと祈りをこめてお読みになられてゐると拝すべきではなからうか。因みに、内閣総理大臣は国会の指名に基づいて、天皇から任命されるし、閣僚も天皇の認証をへて大臣となる。さればこそ、人一倍、御心を拝察して、果して「国民の信託」に十分応へ得てゐるかと自らに問ひ自省するのが閣僚たる者の務めのはずである。

顧れば平成元年一月の即位後朝見の御儀で今上天皇は「皇位を継承するに当たり、大行天皇（昭和天皇）の御遺徳に深く思いをいたし、いかなるときも国民とともにあることを念願された御心をこころとしつつ」と述べられた。皇祖皇宗の遺訓を継承しつつ、喜びも悲しみも国民と共にありたいと念願される御心は皇室の伝統である。「みことのり」は日本のいのちを貫くものであり、それを味識することは国のいのちにつながる道であると信ずるのである。

（『国民同胞』平成二十三年七月号）

国柄と「日本人の生き方」―それは歴史の賜物である―

野間口　俊行

三月十一日午後、東北地方太平洋岸を襲った大津波は、家や車を流し道路を激流と化し、瓦礫の山を残して退いて行った。六月十五日現在、死者一万五千四百三十四人、行方不明者七千七百四十二人を数へ、なほ多くの人達が避難所で不自由な生活を強ひられてゐる。

ところで、多くの海外メディアは、被災後の日本人の行動を、冷静で秩序と礼節を重んじてゐると礼賛した。暴動が起きないことがショックだとの評まであった。この日本人の行動はどこから来るものなのだらうか。その因子を俗に「地震国」とか「災害列島」とかと言はれる地異天変の多さに求める見方があるが、予期せざる出来事は程度の差こそあれ、どこの国にもあるわけだから、それが最たる要因とは思はれない。やはり、日本にあって外国にないもの、日本にしか存在しないものに焦点を当て考へるべきだと思ふ。

遡れば神々の系譜にまで連なる一系の君主を戴く国は他には存在しない。君主は何より民の安寧を第一に、それを日夜祖先の神々に祈念なさってをられる。民はその御心を仰ぎそれに応へんと日々の生業に努めてゐる。つねに他のことを先にと思ひを馳せる君民一和の長い伝統が日本にはある。日本にはわれ先にと他を押しのけることを卑《ひく》しとする伝統がある（日本の製品が何故海外で好まれるのか。使ふ人の立場に立って誠心誠意でモノづくりに当るからである）。

この度の震災によって海外から注目された日本人の秩序立った振る舞ひは、我々には当り前のことであったが、それは私心なく国民の平安と世界の平和を願はれる歴代の皇室を戴くことによって、培はれてきた言はば「歴史の賜物」なのである。

天皇陛下は三月十六日といふ、まだ未曾有の大震災に国民が途方に暮れてゐた時期に「お言葉」を発せられた。それは、犠牲者に思ひを致し、被災者を慰め、そして自衛隊員達や国内外の支援者を労はれる内容であった。そして最後は「国民一人びとりが、被災した各地域の上にこれからも長く心を寄せ、被災者と共にそれぞれの地域の復興の道のりを見守り続けていくことを心より願っています」と結ばれてゐた。さらに、その後両陛下は被災地を御訪問になり、被災者を慰問されてゐる。どんなにか、被災者は力づけられたことだらう。

この度の震災では、自衛隊、警察、消防等、身を粉にした救援活動の最中に命を落した方が何名もをられる。消防だけで二百名を超える。中でも南三陸町の職員、遠藤未希さん（二十四歳）の若い死には衝撃を受けた。

彼女は防災無線のマイクを握り、「六メートルの津波がきます。早く高台に避難してください」と何度も何度も呼び掛け、自らは津波に呑み込まれてしまったのだ。この報道に接した時、昭和二十年八月、日ソ中立条約蹂躙のソ連軍が樺太に侵攻した際、婦女子に対して緊急疎開命令が出てゐたにも拘らず、通信を維持するため電話交換業務を続け、最後は自決した真岡電話局の電話交換手九人の姿が重なった。

ますらをのかなしきいのちつみ重ねつみ重ね守る大和島根を

この三井甲之の歌は、戦時に限らず、平時の緊急事態においても、否、日々の生業においても、直向きに実直に生きようと努めた「限りあるいのち」が重ねられて、今の日本があるといふことを詠んだものと受け止めることができる。ここには代々の日本人の胸中に脈々と受け継がれてゐる生き方が示されてゐる。勿論「ますらを」には婦女子も含まれる。

ピーター・ドラッカー（米国の経営学者・社会学者、二〇〇五年歿）は、「つまるところ、いかなる一般教養を有し、マネジメントについていかなる専門教育を受けていようとも、経営管理者にとって決定的に重要なものは、教養やスキルではない。それは真摯さである」（『現代の経営』）と記してゐる。

ドラッカーが言ふやうに、一個の独立した人間の生き方として「決定的に重要なものは、教養やスキルではない。それは真摯さである」と、私もさう考へる。そして日本人は歴史的にそれを立派に現実のものとしてきた。この度の震災でもそのことが改めて証明されたのである。

「伝統に則した皇位継承」の永続を願って
―「女性宮家の創設等」について―

（『国民同胞』平成二十九年七月号）

大岡　弘

一、「付帯決議」の中の「女性宮家の創設等」について

「天皇の退位等に関する皇室典範特例法」が、平成二十九年六月九日に成立した。三月の衆参正副議長による「議論のとりまとめ」では、「安定的な皇位継承を確保するための女性宮家の創設等については、政府において（中略）速やかに検討すべき」としてゐた。三月十八日付産経新聞「主張」欄は、直ちにこれに異議を唱へた。すなはち、「安定継承の方策として女性宮家の創設を例示したのは極めて疑問である。（中略）百二十五代の天皇すべてが男系で続いてきた。女性宮家は皇位継承の大原則を崩す。皇室の親族である旧宮家の皇籍復帰を含め、皇室を厚くする検討が自然である」と。

この度の特例法の衆参「付帯決議」には、かう書かれてゐる。

「政府は、安定的な皇位継承を確保するための諸課題、女性宮家の創設等について（中略）検討を行い、その結果を、速やかに国会に報告すること」

「安定的な皇位継承を確保するための」といふ修飾句を「女性宮家の創設等」といふ用語から切り離し、解釈上の余地を拡げ得たことは良いが、配偶者のゐる女性が当主の「女性宮家」なるものは、これまで歴史上、排斥の対象であったのである。

二、「万世一系の皇室の永続」か「皇室の永続」か

打破すべき論点の一つは、「皇室の永続」といふキーワードに象徴される「女系でもよし」とする論である。特例法案の審議では、民進党は、女性宮家ばかりか女性天皇、女系天皇を含めた検討を政府に促した。馬淵澄夫氏は、「皇位継承資格を女性皇族や女系皇族に拡大することについて、国民的な議論を喚起していくべきだ」と発言した。この主張は、昨年十二月に民進党の「皇位検討委員会」がまとめた「論点整理」に基づき為されたものである。

さて、皇室御存在の根本的意義は、「皇位が男系のみで継承されてきたといふ皇室の伝統に則って、皇嗣《こうし》が天皇になられ、国家統治と祖先祭祀をなさるその天皇陛下を、国民が、国民統合の中心として仰ぎ戴くこと」にある。「女系皇族に皇位継承権を付与する」、「女系宮家、女系天皇を認める」といふことは、皇統の中に「男系血統」と「女系血統」を混在させ、厳格な男系主義の「皇統原理」を消滅させてしまふことになる。これは「皇室」にとって革命的変革となる。

歴史上、「宮家」の御当主は皇位継承資格をお持ちであった。女性皇族が当主の「女性宮家」を創設するには、皇室典範第一条の改定が必要になる。明治の皇室典範制定以降は、皇位継承資格者は男子皇族に限られたからである。従って、近代以後の「皇室」にとっては、これも革命的変革となる。加へて、当主の女性皇族が民間人と婚姻されることになれば、歴史上初めて、「皇室」の中に「皇胤《こういん》」にあらざる民間人男性を引き入れることになる。さらに、子宝に恵まれれば、歴史上初めて「皇室」の中に皇位継承資格を保有する女系皇族が出現してしまふことになる。「皇室」におかれては、古来、男系血統による継承が最重要視されてきた。広く傍系を含む血族範囲内において、厳格な男系主義に基づいて皇位の継承が行はれてきたのである。男系継承を前提とするならば、女系皇族にとっての先祖は、皇胤にあらざる父君系統の先祖となる。さうであるなら、現在、天皇陛下が御斎行の皇祖皇宗《こうそこうそう》の御魂《みたま》を祀《まつ》り拝《をろが》まれる皇室祭祀は、女系皇族にとっては最早《もはや》祖先祭祀としての意義を失ふ。さらに、もし女系皇族が即位すれば、その時、神武天皇以来のこれまでの「皇室王朝」は断絶となる。

我が国では、皇位が一度の例外もなく男系で継承されてきた。その一貫した姿は、「万世一系」と称され尊ばれてきた。すなはち、君民が相《あひ》共に守り抜くべきは、「皇室の永続」ではなく、「万世一系の皇室の永続」でなければならないと考へる。

三、現行皇室典範の立案過程における高尾亮一氏の意見

現行皇室典範の第一条には、皇位継承資格が、かう謳《うた》はれてゐる。

「第一条　皇位は、皇統に属する男系の男子が、これを継承する」。

この条文に関して想ひ起こされるのは、現行皇室典範の法案骨格の立案作業に携はった高尾亮一《りょういち》氏の文章である。氏は、昭和二十一年七月に臨時法制調査会第一部会の幹事を命ぜられ、以後、部会長以下委員二十七名、幹事二十名（委員兼任を含む）の部会構成のもとで、主に宮内省側の考へ方をまとめて調整する業務に従事した。その際に、高尾氏は小委員会に意見書を提出してゐる。その意見書の主意を、要約して以下に示さう。（大原康男「高尾亮一『皇室典範の制定経過』」、『國學院大學日本文化研究所紀要』第七十三輯所収、平成六年）

①日本国憲法第二条の『皇位は、世襲のものであつて、国会の議決した皇室典範の定めるところにより、これを継承する』は、明らかに、男女同権等を定めた第十四条の例外をなしてゐる。

②世襲といふ観念は伝統的歴史的観念であり、世襲が行はれる各具体的場合によってその態容を異にする。例へば俳優の襲名の如く血統上の継続すら要件としない世襲の例も存し得る。

③皇位の世襲といふ場合の世襲はどんな内容をもつか。『皇室典範義解《ぎげ》』はこれを

一、皇祚《こうそ》を践むは皇胤に限る。

（引用者注・『皇室典範義解』に「祖宗《そそう》の皇統とは一系の正統を承くる皇胤を謂《い》ふ」とあり。）

二、皇祚を践むは男系に限る。

三、皇祚は一系にして分裂すべからず。

の三点に要約してゐる。

④前記③の一、二は、歴史上一つの例外もなく続いて来た客観的事実にもとづく原則である。皇位の世襲といふ観念について他に依るべき基準がない以上、これに依らなければならぬ。さうすれば少なくとも女系といふことは皇位の世襲の観念の中に含まれてゐないと言へる。

⑤女系を否定する以上、女帝を認めるといふことは、その御一代だけ男子による皇位継承を繰り延べるといふだけの意味しか持ち得ない。歴史上女帝は存するけれども、一時的な摂位に過ぎない。

以上だが、おそらく、この高尾氏の提出した宮内省側の考へ方が支持されて、前掲の第一条になったものと思はれる。

四、明治皇室典範第一條に関する枢密院審議

明治皇室典範の第一條にも、同一の趣旨が、かう謳はれてゐる。

「第一條　大日本國皇位ハ祖宗ノ皇統ニシテ男系ノ男子之ヲ繼承ス」

明治天皇臨御のもとに行はれた枢密院での明治皇室典範の草案審議では、出席者間で重要な遣り取りが交はされてゐた。その詳細な記録が残されてゐる（小林宏、島善高共編著『明治皇室典範（下）日本立法資料全集十七』、信山社出版、平成九年）。

例へば、第一條に関して、大木喬任《たかたふ》顧問官から「皇統と言へば、その用語の中に既に男系の含意があるのだから、さらに男系の語を重ねると同義反復になるのではないか」といふ意見が出た。これに対して伊藤博文議長は、将来「皇統には女系も含まれる」との解釈の余地が生じる結果、「国家の伝統」が破壊されることが危惧されるとして、出席者に注意を喚起する一幕《ひとまく》がある。新田均氏が既に要領よく紹介してをられるが（新田均「小林よしのり氏の皇統論を糺《ただ》す」、『別冊正論』第十四号所収、産経新聞社、平成二十三年）、貴重な証言なので、抄出して以下に示さう。

「（大木喬任）本官は（中略）左の修正案を提出せんとす。『大日本皇位ハ萬世一系ナル皇統ノ男子之ヲ繼承スヘシ』。

（伊藤議長）修正案に男系の字を除けり。故《ことさ》らに之を省くの意なるか。
（大木）然《しか》り。
（議長）第一條の修正如何《いかん》に就ては最早議論も尽きたりと信ずるを以て表決を取るべし。其《その》前に於《おい》て各位の注意を喚起すべき重要事件あり。原案には祖宗ノ皇統ニシテ男系ノ男子之ヲ繼承スとあり。然るに修正案には故《ことさ》らに男系の字ヲ削除せり。果して此《かく》の如くなるときは則《すなはち》将来に於て我皇位ノ継承法に女系をも取るべきに至り上代祖先の常憲に背くことを免れず。

（中略、修正案否決）

（副島種臣）皇統の男子と云へば男系の男子たることにして説明に於ても亦《また》判然たり。
（大木）皇統の男子と云へば男系の男子たることに相違なし。況《いは》んや第一條は大体を論ずるの條にして其男系の男子たることは後條の所載に於て判然たるに於てをや。然れども本官の修正説は少数の為に否決したれば今更論ずるも亦詮《せん》なき事なり」

明治皇室典範と現行皇室典範の間には法的連続性はないものの、基本的内容は受け継がれてゐる。

五、皇室伝統の大原則

以上、近現代の歴史を垣間《かいま》見たが、我が国の歴史の流れの全体を通観した場合はどうなるか。それを充分に探究して制定にまでこぎつけた成果が、明治の皇室典範であった。

我が国の長い歴史の中に見出された皇室の伝統は、よく「万世一系の天皇」や「万世一系の皇統」といふ言葉で表現される。これは、傍系も含めてある幅を持った同一の系統の皇統が、一度の例外もなく、男系のみの継承でもって引き継がれてきたことを意味し、今後も天《あめ》壌《つち》と共に永続してほしいとの願ひを込めて用ゐる用語でもあるのだらう。この「同一の系統の皇統」といふ内実の基本的特性を具体的に見てみると、それは、次の四つの事実に集約され得ると思はれる。

①明治の皇室典範、及び、現行皇室典範の冒頭第一条に成文化されてゐるごとく、「皇位は、皇統に属する男系の男子（祖宗ノ皇統ニシテ男系ノ男子）がこれを継承する」こと、これが皇位継承の基本であった。

②反面、歴史上には、女性が皇位に即かれた事例が散見される。しかし、それらは、あくまでも臨時、異例の措置であった。その場合は、皇統に属する男系の女子でなければならず、かつ、御在位中、並びに、それ以降は、独身でなければならなかった。この「御在位中、並びに、それ以降は、生存する配偶者を持つことを許さず」が、女性天皇に課せられた「不文の法」であった。

③皇位継承権を保有される宮家当主の位の継承も、前掲①、②と同様であった。
④皇位、並びに、宮家当主の位の継承は、父から子への直系継承とは限らず、幅の広い傍系継承をも含むものであった。

以上の四点は、「皇室伝統の大原則」と称すべき歴史的事実である。多少補足すると、「皇統に属する」とは、「父系のみを遡《さかのぼ》り辿《たど》ることによって、必ず歴代天皇方のうちのどなたかに繋がることが出来る」、すなはち、「父子直系を遡れば必ず第一代・神武天皇に辿り着くことが出来る」、そのやうな血統に属してゐる皇親または皇族であることである。また、養老「継嗣令《けいしりょう》」が廃止されてはをらず、女性皇族にも皇位継承資格があった明治前期以前においては、唯一の宮家女性当主であられた桂《かつらの》宮家第十二代当主・淑子《すみこ》内親王（仁孝《にんこう》天皇の皇女）は、独り身を持されながら宮家後継の当代皇子の出生・成長を待ち続けられたが叶はず、桂宮家は明治十四年に内親王の薨去《こうきょ》に伴ひ絶家《ぜっけ》となった。

前述の四つの原則に従ふことによって、皇位の男系継承が保障され、また、皇位継承の基盤となる皇室といふ「聖域」が、「聖域」であり続けることが保障される。すなはち、皇室内の男性皇族方は、総て皇統に属され、皇位継承権を保有される男系男子のみであり、天皇と（上皇と）皇族から成る皇室といふ「聖域」が、全く変質せずに存続することが出来るのである。皇室の中には、皇統に属さない、すなはち、他系の血統を保有する男性は、一人《いちにん》たりとも存在させてはならないのである。なほ、男子皇族の配偶者は民間人の女性の方がなる場合が多いが、その御子は、父親が皇族でさへあれば皇族の御血統となり、聖域内の御存在となる。

六、今後採るべき方策

「皇室伝統」を弁《わきま》へた皇位の安定的継承方策としては、皇位継承権を保有される男系男子が御当主の宮家といふものを、まづは考へなければならない。その家族構成も含めて、それらの宮家を含む集合体の「皇室」の規模をいかに適切に安定的に維持するかが、衆参「付帯決議」の中の「安定的な皇位継承を確保するための諸課題」の意味する所《ところ》である。

女性宮家については、万一《まんいち》の場合に限り極めて例外的な可能性も考へられるが、現状では課題とはなり得ない。安定的な皇位継承を確保する方策としては、戦後、皇籍離脱を余儀なくされた「旧十一宮家」の男系男子孫の中の適切な方々に、皇族の御身分を取得していただき新宮家を創設していただくことが、まづは先決の事項とならう。

明治時代に入ってから神宮の式年遷宮の御用材の檜《ひのき》が不足し、それをしのぐための諸方策が検討された。「御正殿《ごしょうでん》の柱の基礎をコンクリートや石材を用ゐて強化し、遷宮の実施間隔を二十年の倍以上に引き延ばす方策」も検討対象となった。その時、明治天皇は、「原理原則を変へる前に、用材確保の方法を考へよ」と仰《おほ》せられた。最終的には、神宮の建築様式には一切変更が加へられず、新たに神宮宮域林で「造林」事業が開始されることになったといふ（竹田恒泰、八木秀次共著『皇統保守』、ＰＨＰ研究所、平成二十年）。

安定的皇位継承方策に関しては、明治天皇のこの例に倣《なら》ひ、古来の伝統を重んじた皇位継承の在り方を、ひたすら踏襲する道を選ぶべきであらう。

平成の御代略史（平成二十一年〜平成三十一年）

年	宝算（満年齢）	主な御関連事項・出来事
平成21年	76歳	1・7　昭和天皇二十年式年祭（皇居皇霊殿）
		1・18　世界初の温室効果ガス観測衛星「いぶき」等八基の人工衛星搭載のH-ⅡAロケット打ち上げ成功
		2・2　群馬県と長野県の県境にある浅間山が噴火
		3・10　鹿児島市の桜島が爆発的噴火
		3・13　政府、海賊対策の海上警備行動で海上自衛隊をソマリア沖への派遣決定
		4・5　北朝鮮、東北地方の太平洋上に向けてミサイル発射実験
		4・10　両陛下の大婚五十年を迎へて、宮中で祝賀行事「御大婚五十年をお祝いする集い」（憲政記念館）
		5・25　北朝鮮、地下核実験に成功と発表
		7・3　両陛下、カナダ・アメリカ合衆国公式ご訪問（〜7・17）
		7・31　若田光一宇宙飛行士、日本人として初めて長期の宇宙生活を終へて、

			帰還
		8・30	第四五回衆議院議員総選挙、与党（自民党）敗北。政権交代へ
		9・16	鳩山由紀夫民主党政権発足
		11・12	両陛下、政府主催の「天皇陛下御即位二十年記念式典」にご臨席
			民間の天皇陛下御即位二十年奉祝委員会による皇居前広場での「国民祭典」に六万人が集ふ
平成22年	77歳	1・1	「平城遷都千三百年祭」開幕（奈良県下、〜年末）
		1・16	東山天皇三百年式年祭（皇居皇霊殿）
		1・19	日米安全保障条約の改定調印から五十年
		2・13	反正天皇千六百年式年祭（皇居皇霊殿）
		2・23	孝安天皇二千三百年式年祭（皇居皇霊殿）
		4・1	応神天皇千七百年式年祭（皇居皇霊殿）
		6・1	アメリカ軍普天間基地移設めぐる混乱で、鳩山首相が辞意表明
		6・4	民主党代表に菅直人氏（6・8菅政権発足）
		7・11	第二二回参議院議員選挙で、与党・民主党敗北（ねぢれ国会へ）
		9・7	尖閣諸島領海で、海上保安庁巡視船への中国漁船体当り事件発生
		10・8	両陛下、奈良市での「平城遷都千三百年祝典」にご臨席
		11・29	両陛下、議会開設百二十年記念式典にご臨席

平成23年	78歳	12・4　東北新幹線、八戸駅と新青森駅が開業して全面開通
		1・4　山陰地方、記録的な降雪
		1・26　宮崎県と鹿児島県の県境、霧島連山の新燃岳が噴火
		3・11　東北地方太平洋沖地震（東日本大震災）が発生。マグニチュード九・〇は国内観測史上最大。死者一万六千人、行方不明二千五百人で戦後最大の自然災害。さらに福島第一原子力発電所で津波による冷却機能喪失、炉心溶融を伴ふ原子力事故
		3・16　「東北地方太平洋沖地震に関する天皇陛下のおことば」（ビデオメッセージ）が各テレビ局から放送される
		3・30　両陛下、東京武道館（被災者の避難所のひとつ）へご慰問（以後、両陛下、皇太子同妃両殿下、皇族の方々による東北各県をはじめ被災地・被災者へのご慰問は数多におよぶ）
		6・26　岩手県「平泉」の歴史的建造物がユネスコ世界遺産（文化遺産）に登録される
		7・18　サッカー女子ワールドカップ・ドイツ大会で、日本代表が初優勝
		7・31　一條天皇千年式年祭（皇居皇霊殿）
		8・26　菅首相が退陣記者会見
		9・2　野田佳彦内閣発足

平成24年

79歳

9・3 台風12号、紀伊半島で大規模土砂災害が発生

9・20 台風15号、東海地方を中心に豪雨禍

2・1 東北地方日本海側を中心に降雪が続き（～2・3）、事故多発

2・18 天皇陛下、東京大学附属病院で、狭心症治療のための冠動脈バイパス手術を受けられる（3・4ご退院）

2・29 世界一の高さとなる六三四メートルの東京スカイツリー竣工（五月に開業）

3・11 両陛下、東日本大震災一周年追悼式にご臨席

5・15 沖縄県本土復帰四十年記念式典（政府と沖縄県の共催）

6・6 三笠宮寛仁親王殿下、薨去

7・11 九州北部で記録的な豪雨（～7・14）

7・30 明治天皇百年式年祭（皇居皇霊殿）

8・10 韓国の李明博大統領、「竹島」（島根県隠岐の島町）に上陸

8・15 尖閣諸島の魚釣島に香港の活動家ら七人が上陸（8・17強制送還）

9・29 レスリングの吉田沙保里が世界選手権で優勝、史上最多記録となる世界大会十三連覇（11・7国民栄誉賞）

10・8 京都大学の山中伸弥教授がノーベル生理学・医学賞を受賞

12・16 第四六回衆議院議員総選挙、自由民主党が単独で安定多数を獲得し

平成25年　80歳

て与党に返り咲く

12・26　第二次安倍晋三内閣発足

2・25　元横綱大鵬（故納屋幸喜氏）への国民栄誉賞の授賞式

3・11　両陛下、東日本大震災二周年追悼式にご臨席

4・7　秋篠宮悠仁親王殿下、お茶の水女子大学附属小学校ご入学

4・28　両陛下、「主権回復・国際社会復帰を記念する式典」にご臨席

5・5　プロ野球元巨人軍の長島茂雄氏と松井秀喜氏に国民栄誉賞

5・10　島根県出雲市の出雲大社で本殿遷座祭斎行

6・22　富士山が世界遺産に登録される

7・21　第二三回参議院議員選挙、与党（自民、公明）多数で、両院のねぢれ解消

7・25　厚生労働省、前年の平均寿命を男七九・九四歳、女八六・四一歳と発表。男は過去最高、女は長寿世界一

8・18　鹿児島市の桜島で爆発的噴火

9・7　ＩＯＣ総会で、２０２０年夏季オリンピックの東京開催が決まる

10・2　伊勢の神宮（第六十二回式年遷宮）、内宮遷御の儀

10・5　同右、外宮遷御の儀

11・30　両陛下、インドご訪問（〜12・6）

平成26年	81歳	12・6　安全保障に関する「特定秘密法」が成立 12・24　後桜町天皇二百年式年祭（皇居皇霊殿） 12・26　安倍首相、靖国神社参拝 3・11　両陛下、「東日本大震災三周年追悼式」にご臨席 4・1　消費税、五％から八％へ増税 4・6　敬宮愛子内親王殿下、学習院女子中等科にご入学 4・23　バラク・オバマ米国大統領、国賓として来日（〜4・25） 5・14　若田光一宇宙飛行士、船長を務めた国際宇宙ステーションから帰還 6・17　桂宮宜仁親王殿下、斂葬の儀 6・21　群馬県富岡市とその周辺の「富岡製糸場と絹産業遺産群」がユネスコ世界遺産登録決定 8・20　広島市北部の住宅地等で大規模土砂災害が発生 9・11　朝日新聞社社長、福島第一原発事故をめぐる報道および慰安婦強制連行関連記事の取消しを表明して謝罪 9・27　長野県と岐阜県にまたがる御嶽山が七年ぶりに噴火、死者五八名 10・7　ノーベル物理学賞に、赤崎勇、天野浩、中村修二の三氏が選ばれる 12・14　第四七回衆議院議員総選挙、与党（自民、公明）で三百二十六議席を獲得

平成27年

82歳

1・17 両陛下、「阪神淡路大震災二十年追悼式」にご臨席
3・11 両陛下、「東日本大震災四周年追悼式」にご臨席
3・21 東日本大震災で被災した石巻線が全線で復旧（5・30仙石線も開通）
3・25 海上自衛隊最大の護衛艦「いずも」（満載排水量二万六千トン）就役
3・27 国宝姫路城の大天守、「平成の大修理」を終へて一般公開を再開
4・8 両陛下、パラオ共和国ご訪問
4・9 両陛下、ペリリュー島の慰霊碑にご供花
5・29 鹿児島県屋久島町の口之永良部島噴火
6・19 選挙権年齢を十八歳以上とする「改正公職選挙法」公布
8・14 終戦七十年を迎へるに当っての「安倍内閣総理大臣談話」が発表される
9・10 関東・東北豪雨、茨城県常総市などで甚大な被害（〜9・11）
9・19 集団的自衛権の限定的行使を可とする「安全保障関連法案」が一部野党も賛成して成立
10・5 ノーベル生理学・医学賞に大村智氏が選ばれる
10・6 ノーベル物理学賞に梶田隆章氏が選ばれる
12・28 日韓外相会談、所謂慰安婦問題に関して「最終的で不可逆的な解決」で合意。この後、安倍首相と朴槿恵大統領が電話で会談して、合意

			内容を「責任を持って実施する」と確認
平成28年	83歳	1・16	台湾総統選で、民主進歩党の蔡英文候補が当選
		1・26	両陛下、フィリピンをご訪問（～1・30）
		3・11	両陛下、「東日本大震災五周年追悼式」にご臨席
		3・26	北海道新幹線の新青森駅‐新函館北斗駅間が開業
		4・3	両陛下、神武天皇二千六百年祭に当り、神武天皇陵御親謁
		4・14	熊本県と大分県で相次いで地震発生（熊本地震）、熊本で二度の震度七
		8・3	北朝鮮、中距離弾道ミサイル二発を発射、うち一発が秋田県男鹿半島西方沖の排他的経済水域内に落下（8・8から破壊措置命令が常時発令状態に）
		8・8	天皇陛下の「象徴としてのお務めについてのおことば」（ビデオ）が放送される
		9・3	将棋の藤井聡太三段の十四歳二ヶ月（史上最年少）での四段昇段が内定
		10・27	三笠宮崇仁親王殿下、薨去
		11・30	理化学研究所で発見の一一三番元素をＩＵＰＡＣ（国際純正・応用化学連合）が「ニホニウム（nihonium、元素記号Nh）」と確定
平成29年	84歳	1・20	米国、ドナルド・トランプ大統領の就任式

平成30年　85歳

1・25　大相撲初場所優勝の大関・稀勢の里、横綱に（十九年ぶりの日本出身の横綱）
2・28　両陛下、ベトナムご訪問、ご弔問のためタイにお立ち寄り（〜3・6ご帰国）
4・8　愛子内親王殿下、学習院女子高等科にご入学
6・9　天皇の退位等に関する「皇室典範特例法」が成立（6・16公布）
6・11　三條天皇千年式年祭（皇居皇霊殿）
6・15　テロ等準備罪を新設する「改正組織犯罪処罰法」が成立
7・5　福岡県と大分県を中心に、翌日に懸けて集中豪雨が発生（九州北部豪雨）
9・25　後陽成天皇四百年式年祭（皇居皇霊殿）
10・16　伏見天皇七百年式年祭（皇居皇霊殿）
10・22　第四八回衆議院議員選挙、与党（自民、公明）で三百十三議席
12・1　政府、皇室会議を開催。天皇陛下の退位日を平成三十一年四月三十日、翌日に皇太子殿下の御即位（新元号への改元）との意見集約
1・2　新年一般参賀に十二万六千余人が訪れる
2・6　北陸地方中心に大雪（平成三十年豪雪）
2・9　「冬季オリンピック平昌大会」で、最多の十三個のメダル獲得（〜2・25）

	2・13	将棋の羽生善治竜王と囲碁の井山裕太七冠に国民栄誉賞
	6・18	大阪府北部地震（マグニチュード六・一）
	6・28	西日本を中心に北海道や中部地方を含む広域で集中豪雨発生（〜7・8）
	7・2	冬季オリンピック二連覇のフィギュアスケートの羽生結弦選手に国民栄誉賞
	7・23	埼玉県熊谷市で、日本の気象観測史上最高気温となる四十一・一度を記録
	9・6	北海道胆振地方でマグニチュード六・七の地震発生
	9・8	大坂なおみ選手、テニス全米オープンで優勝
	9・22	宇宙航空研究開発機構、探査機「はやぶさ2」から分離した探査ロボットが小惑星「リュウグウ」に着陸と発表
	11・24	博覧会国際事務局の総会（パリ）で、二〇二五年万博の大阪での開催決定
	12・8	外国人労働者を受け入れる「改正出入国管理法」を可決
86歳	12・23	天皇誕生日の一般参賀、記帳を含め平成最多の八万二千余人を記録
	12・26	政府は商業捕鯨の再開に向けて、国際捕鯨委員会からの脱退を発表
	12・30	ＴＰＰ（十一ヶ国による環太平洋パートナーシップ協定）、発効

平成31年		1・2	平成最後の新年一般参賀に、史上最多の十五万四千八百人が訪れる
		1・7	昭和天皇三十年式年祭（皇居皇霊殿）
		2・1	「日本・EU経済連携協定」が発効
		2・24	両陛下、政府主催の「天皇陛下御在位三十年記念式典」にご臨席
		3・26	両陛下、御譲位御奉告のため神武天皇陵御親謁
		4・1	新元号「令和」が公表される
			悠仁親王殿下、お茶の水女子大学附属中学校にご進学
		4・5	小惑星探査機「はやぶさ2」が「リュウグウ」に向けて衝突装置を分離し、小惑星における世界初の人工クレーターの生成に成功
		4・10	両陛下大婚六十年の祝賀行事が宮中で行はれる
		4・18	両陛下、伊勢の神宮御親謁（御譲位御奉告のため）
		4・23	両陛下、昭和天皇武蔵野陵親謁、御譲位を御奉告
		4・30	皇室典範特例法の施行に伴ひ、午後五時から「退位礼正殿の儀」

執筆者一覧（五十音順・生年・職歴）

＜第一部＞

折田豊生（昭和二十五年生・元熊本市役所）
小柳左門（昭和二十三年生・特定医療法人 原土井病院 院長）
澤部壽孫（昭和十六年生・元日商岩井（株））
須田清文（昭和三十年生・元羽後信用金庫）
山本博資（昭和十六年生・元川崎重工業（株））

＜第二部＞

内海勝彦（昭和三十年生・（株）ＩＨＩエアロスペース）
大岡　弘（昭和二十二年生・元新潟工科大学教授）
岸野克巳（昭和四十三年生・川越八幡宮権禰宜）
小柳志乃夫（昭和三十年生・元（株）日本興業銀行）
野間口俊行（昭和二十六年生・元鹿児島県信用保証協会）
山内健生（昭和十九年生・元拓殖大学日本文化研究所客員教授）

あとがき

『平成の大みうたを仰ぐ』の（一）、（二）に続いて、本書（三）が刊行される運びとなって、果すべき務めを果すことが出来さうで有難く思ってゐます。

平成二十年十二月に上梓されました『平成の大みうたを仰ぐ二』の「はしがき」の中で、上村和男前理事長は、夜久正雄先生が「短歌の歴史的使命」についてお述べなった本会主催の第一回合宿教室（昭和三十一年八月）での講義の一節を引用してゐます。

「国家生活の統一の原理を、普遍的な人間感情に結びつけたものが、短歌の歴史的使命で、短歌は皇室の伝統ともなった。代々天皇の御歌は、大局から見て短歌の抒情性を失ふことがなかった。政治的対立を調和するものがなければ、国家生活は分裂して滅びるが、その調和を天皇によって維持して来たのが、日本の歴史といふなら、天皇の思想的根源は短歌表現にあった」（第一回合宿教室の報告集『混迷の時代に指標を求めて』）

ちなみに六十三年前のこの第一回合宿教室には、当時大学二年だった上村前理事長は参加者であったといふことですが、夜久先生の右の御指摘は、わが国の長い歴史を回顧されてのもので、改めて私も教へられ考へさせられました。

平成の時代を振り返ってみましても、先生の御指摘の通りだと思ひます。陛下は、政党政派の駆け引きを伴ふ政治の現実とは、遙かに次元を異にして「国家の統合」を体現していらっしゃいました。その下にあって与野党議員は安心しきって議論を展開してゐました。そして陛下は全都道府県を巡られて、多くの国民とお触れになりました。ことに何度となく国土を襲った地異天変の後には被災地に出向かれて、罹災者を見舞はれ励まされました。かうした陛下のお心は御製を拝読拝誦することで、より具《つぶさ》に拝することが出来ます。その陛下のお側には、いつも陛下を仰ぐかのやうな皇后陛下のお姿がありました。

本書の第一部「年頭の大みうたを拝して」は、本会の月刊紙である『国民同胞』の平成二十一年から平成三十一年までのそれぞれの年の二月号に掲載されたものの転載です。例年、『国民同胞』の二月号には、「年頭ご発表」の御製御歌と一月中旬に催される恒例の「歌会始」の折の御製御歌とを謹載して、併せて会員による謹解（拝誦感想文）を掲げてをります。『国民同胞』の編集部には、毎年一月二十日ごろに原稿が届きますが、私は読者に先立って「大みうたを仰ぐ」といふ特権に浴して来ました。

本書の第二部「天皇皇后（現在の上皇上皇后）両陛下の御心を仰ぎて」は、平成二十一年以降、『国民同胞』等に発表された会員の論考です。

令和の新時代を迎へた現在、本書（三）の刊行によって、さらには（一）、（二）とも合せて「平成の御代」三十一年を顧みるよすがとなれば、これに過る喜びはありません。

最後になりましたが、ご協力頂いた関係各位、ことに展転社社長・荒岩宏奨氏のお力添へに御礼を申しあげます。

令和元年十一月十四日　大嘗祭の日に

月刊『国民同胞』編集長　山内　健生

公益社団法人 国民文化研究会

昭和31年（1956）、九州で発足。昭和39年（1964）3月、文部大臣より社団法人の認可を受ける。平成27年公益社団法人認定。本会は、様々な職種の有志会員によって構成され、会員相互の研究活動や出版活動等を通じて、戦後の学問的・思想的混乱を是正し、わが国の歴史・文化に根ざした国民生活の確立を目指す。ことに、64回を数へる「夏季合宿教室」は小林秀雄、福田恆存両氏をはじめ当代一流の講師による講義や古典の輪読、更に全員が短歌創作・相互批評を経験する研修を行ひ、学生・青年層の健全な育成に大きく寄与してゐる。

〒150-0011
東京都渋谷区東1-13-1-402
TEL.03-5468-6230　FAX.03-5468-1470
ホームページ・アドレス　http://www.kokubunken.or.jp/

平成の大みうたを仰ぐ 三

令和元年十二月二十三日　第一刷発行

編　者　（公社）国民文化研究会

発行人　荒岩　宏奨

発　行　展　転　社

〒101-0051　東京都千代田区神田神保町2-46-402
TEL　〇三（五三一四）九四七〇
FAX　〇三（五三一四）九四八〇
振替〇〇一四〇―六―七九九九二

印刷製本　中央精版印刷

ISBN978-4-88656-495-5